烈文先生：

昨奉到三日惠函，《自由谈》已于昨、今两日看完。一篇谅已先此寄到，另人中传来一二，中事但近来作文，过多之至，且时刻有顾忌在喉，而仍不吐，遂亦不免为人所侦伺，当更加检点。至贵报文章，势必还须于存稿，可予秋家袁希先生稍予留意留意之。

此复，即请

著安

郁达夫 五月四日

巧读·快读
现代名家
QIAO DU·KUAI DU
XIANDAI MINGJIA

读懂郁达夫

DUDONG YU DAFU

徐励 编著

广西人民出版社

图书在版编目（CIP）数据

读懂郁达夫／徐励编著.—南宁：广西人民出版社，2014.12

（“巧读·快读”现代名家）

ISBN 978-7-219-09103-6

Ⅰ.①读… Ⅱ.①徐… Ⅲ.①郁达夫(1896～1945)—生平事迹 Ⅳ.①K825.6

中国版本图书馆CIP数据核字（2014）第229951号

监　　制　白竹林
策划编辑　田　珅
责任编辑　覃结玲
责任校对　唐柳娜
印前制作　麦林书装

出版发行　广西人民出版社
社　　址　广西南宁市桂春路6号
邮　　编　530028
印　　刷　广西大一迪美印刷有限公司
开　　本　875mm×1230mm　1/32
印　　张　7
字　　数　150千字
版　　次　2014年12月　第1版
印　　次　2014年12月　第1次印刷
书　　号　ISBN 978-7-219-09103-6/K·1538
定　　价　25.00元

目 录

第一辑　郁达夫的言

谈文艺

人生的实际，既不外乎这“孤单”的感觉，那么表现人生的艺术，当然也不外乎此，因此我近来对于艺术的意见和评价，都和以前不同了。

《北国的微音》

艺术是弱者的同情者，是爱情的保护者。没有国境的差别，不问人种的异同。

《艺术与国家》

平生的信条，第一是“被催逼出来的文字，决不是好作品”。因之我自开始写作到如今，从没有写过一篇有自信的作品。第二是“一个人的一生之中，好作品总只是一篇两篇的；多产的作家，决不能自保篇篇都是珠玉，所以勉强写作，不如放任自然”。第三是“好作品要死后才能够发表”。

《写作的经验》

艺术的理想，是赤裸裸的天真，是中外一家的和平，是如火焰一般的正义心，是美的陶醉，是博大的同情，是忘我的爱。

《艺术与国家》

作品的伟大与否，客观的判断很不容易下。至于目前的中国，没有伟大的作品的原因，我想是因为伟大的批评家太多了的缘故。

《中国目前为什么没有伟大的作品产生》

我以为读了冰心女士的作品，就能够了解中国一切历史上的才女的心情；意在言外，文必己出，哀而不伤，动中法度，是女士的生平，亦即是女士的文章之极致。

《〈中国新文学大系·散文二集〉导言》

由我个人的嗜好来讲，我在暇时翻阅旁人的著作的时候，最喜欢读的，是他的日记，其次是他的书简，最后才读他的散文或韵文的作品。以己度人，类推起来，我想无论哪一个文艺爱好者，大约是人同此心，心同此理的。

《日记文学》

悲剧比喜剧偏爱价值大。因为这世上快乐者少，而受苦者多。且现代人都带有厌世的色彩，而以血气方刚的青年尤甚。

《文艺赏鉴上之偏爱价值》

性欲和死，是人生的两大根本问题，所以以这两者为材料的作品，其偏爱价值比一般其他的作品伟大。

《文艺赏鉴上之偏爱价值》

人有了家，就不能同没有家的人一样，少不得要思前顾后，畏首畏尾。从文明进化的一点上讲，或者是人类社会的进步也说不定，但从艺术的人生观来说，家却是一副套在自由人身上的枷锁，因为艺术家的天性，多少总带有些薄命汉倾向的。

《就家字来说》

做官发财，原也很好，但学文学的人，预先抱定了这一个宗旨去学，则他的学业总不免为外界的权势阶级所左右，中国的一部文学史之所以成为奴隶史者，原因就在这里。

《学文学的人》

从真善美来说，美与善，有时可以一致，有时可以分家；唯既真且美的，则非善不成。

《写作闲谈》

要全面了解中国的民族精神，除了读《鲁迅全集》以外，别无捷径。

《鲁迅的伟大》

文人的出路，向来只有两条，一条是“不作文人”，一条是“不要靠文章来吃饭”。

《高楼小说》

有人说笑话，说凡是文学家，总须具备三个要件，就是：懒，病，贫。这笑话虽则是取笑文人的话，然而的确也有点真理。

《〈小说论〉及其他》

中国的革命，似已成功，现在是建设的时期了，所以一切设施，都用得着统制，而文化统制的结果，这几年却只产生了许多铁血的月刊旬刊报纸副刊之类，伟大的民族文艺作品，仿佛还正在印刷中的样子。

《伟大的沉默》

中国的政治、军事、财政、外交等国家大事，总不上轨道，乱跑野马，唯独文章一事，却每是规规矩矩，数千百年，如出一辙的。

《说文章的公式》

自况和其他

我最近的努力，还是在完成自己；做文人也好，做官也好，做什么都好，主要的总觉是在自己的完成。人家的毁誉褒贬，一时的得失进退，都不成问题；只教自己能够自持，能够满足，能够反省而无愧，人生的最大问题，就解决了。做人当然先要在求己，然后再为人；我一向的被人骂作个人主义者，而同时也能够入污泥而不染，抗环境而有余的最大强处，就在这里。或者也许是弱者的强处，但这一点我却总想固执着到死。

《写作的经验》

此间吊地僻人静，然而风景没有可取的地方。况且又因我作了先生，不能同学生时代一样，买些花生果子放在袋里，一边吃一边到山腰水畔去闲逛去。唉，这都是什么礼仪呀，习俗呀，尊严呀，害我的。这些传来的陋俗不得不打破，破坏破坏！我什么都不要，我只要由我的自在就好了。破坏破坏，还是破坏！

《芜城日记》

我是主张把中国的坟冢，把野外的枯骨，都掘起来付之一炬，或投入汪洋的大海里去的。

《还乡记》

没有伟大的人物出现的民族，是世界上最可怜的生物之群；有了伟大的人物，而不知拥护，爱戴，崇仰的国家，是没有希望的奴隶之邦。因鲁迅的一死，使人们自觉出了民族的尚可以有为，也因鲁迅之一死，使人家看出了中国还是奴隶性很浓厚的半绝望的国家。

《怀鲁迅》

人生终究是悲苦的结晶，我不信世界上有快乐两字。

《写完了〈茑萝集〉的最后一篇》

道德无所谓新旧，唯真纯的人才能够说得上道德两字，若言不顾行，行不顾言，那不管你天天在高叫道德，结果终是一个坏人。

《青年的出路和做人》

想用暴力来统一思想，甚至不惜用卑污恶劣的手段，来使一般人臣服归顺的笨想头，也是“自古已然，于今尤烈”的中国人的老脾气。

《暴力与倾向》

百姓想做官僚军阀，官僚军阀想做皇帝，做了皇帝更想成仙。秦始皇对方士说："世间有没有不死之药的？若有的话，那我就吃得死了都也甘心，务必为朕去采办到来！"只有没出息的文人说："愿作鸳鸯不慕仙。"

《"天凉好个秋"》

目下的中国，是强盗窃贼的天下，打来打去，都是分赃不平的缘故。

《夕阳楼日记》

沉默原不是坏事，但不说话的死人的沉默，看了却有点儿可怕。

《伟大的沉默》

谣言、预言等辈的养育处，第一就须在大家贪懒不做正经事情的地方。中国的谣言、预言，所以特多的原因，就因为中国的全部国民都是闲惰不做正经事情的缘故。从在上据高位者起，一直到都市乡村的游民乞丐为止，中国何尝有一个正经在拼命做事的人？谣言、预言的发生时期，总在大乱初平，或变乱继起之后；而酿成这些谣言、预言的重大酵素，当然是当局者的专制压迫，与一般已被愚民政策驯服的百姓的无智。

《谣言预言之类的诞生》

五四运动的最大的成功，第一要算“个人”的发现。从前的人，是为君而存在，为道而存在，为父母而存在的，现代的人才晓得为自我而存在了。

《〈中国新文学大系·散文二集〉导言》

我们的中华民族，一向就是不懂幽默的民族，但近来经林语堂先生等一提倡，在一般人的脑里，也懂得点什么是幽默的概念来了，这当然不得不说是一大进步。

《〈中国新文学大系·散文二集〉导言》

第二辑　郁达夫的行

郁达夫就读于富阳县高等小学堂时，是全校年龄最小的学生，同班的几个同学都是曾进过学的秀才，年龄都在三十岁左右，比郁达夫大了十七八岁。可是郁达夫的成绩却很好，作的诗词令同学和老师惊叹，因此他被学校提拔跳了一个级。消息传开，轰动县城。

郁达夫考上了杭州中学堂，却因为学费不够而去嘉兴上学，半年后才转进杭州中学堂就读。因为是中途插班，他在班里感到陌生和惶恐，所以，在课堂和宿舍里，他经常是诚惶诚恐、战战兢兢，连头都很少抬起来。不过，几次作文之后，他的文章都名列前茅，老师和同学们对这个少言寡语的“怪物”渐渐注意起来了。

由于沉默、孤僻，郁达夫在同学中不太合群，他将时间都用来读书和买书。周日更是整天流连于旧书铺，有时赶不上回宿舍吃饭，就在面馆买一碗最便宜的面，边吃边翻买来的书。

大量的阅读和写作练习后，郁达夫开始了投稿的尝试。他的处女作在《全浙公报》发表出来，他在校园阅览室看见，兴奋得难以自已，心猛烈地直跳不止，他将报纸看了又看，差点就大喊起来。随后，他冲到操场上跳着蹦着跑了一圈，又回到阅览室拿起报纸再看一遍，这才放心。

郁达夫为了更好地学习英文，就转学到了杭州的之江大学读预科。这是一所教会学校，宗教气氛很浓，因之，学习之外，宗教的繁文缛节令他不胜其烦。后来，同学们因为膳食问题和校方发生冲突，郁达夫成为学生中反对最为强烈者之一，最后连同另几名同学被校方开除。

郁达夫等几名被之江大学预科开除的同学，被蕙兰中学当作义士迎了进去。不过，郁达夫对这所同样充满宗教气氛的学校不满，尤其看到教务长对洋人奴颜婢膝，他更是反感，于是他自动退学。

经过多年的中学学习，郁达夫觉得学校教育不是最适合自己的方式，于是回到富阳家中，给自己制订了严格的自学计划。每天他按规定学习中国传统文化、英文、自然科学等，十分刻苦。累了就跑到城郊散步。后来，他说这段自学期间，是他收获最多，对他影响最大的一段时间。

为方便和母亲通信，郁达夫于是教母亲用英文字母拼写富阳话，因为英语仅仅二十六个字母，比较容易记住和拼写。后来，在日本读书时，同学偶见他与母亲的往来信件，十分吃惊，还误以为他的母亲使用英文与郁达夫通信。

郁达夫与日本友人在东京一家咖啡店闲谈。旁边的桌子围坐着七八个日本大学生，正起劲地讨论着。忽然其中一人睥睨着郁达夫说了一句“巴儿狗”。其余的人以挑战似的眼神看向郁达夫。郁达夫怒气上涌。日本友人正要教训那几个无礼的家伙，郁达夫已经起身向门外走去。日本友人追上郁达夫，想安慰他几句，郁达夫却平静地说：“这样的事情，常有的。”友人问：“那你每次都这样忍着吗?”郁达夫惨然一笑：“不忍着又能怎样呢?”继而立刻正色而坚定地说：“我不会总这样忍下去的。总有一天会爆发的。”

留日学生会邀请日本有名的“宪政之神”尾崎行雄来演讲。慕名而来的留学生不下千人。尾崎行雄在讲到一个中国问题时，有几句讽刺中国的话语。郁达夫待这一段讲完，起身用流利的日语，有礼有节地对尾崎行雄进行了反驳，博得了留学生们长久的掌声。而尾崎行雄听完郁达夫的陈词，当场道歉。

一天晚上，郁达夫和郭沫若到泰东书局去了解《创造》季刊的销售情况。虽然销售数据还不错，但二人还不满意，颇感在世间的孤独悲哀。于是二人醉酒一场，然后相携跌跌撞撞地回住地。路上，郭沫若感伤地称二人为孤竹君，最后会饿死于首阳山。郁达夫则大骂洋人和资本家，还冲到马路中间，冲着奔驰的汽车，举起手做手枪状，连连痛击。

郁达夫在北大任教时，和青年学生亲如兄弟，经常请学生吃饭，和他们讨论。学生有时候在郁达夫住处讨论晚了，就一起横七竖八地倒在郁达夫的床上盖被同眠。

一天，郁达夫收到一个叫沈从文的陌生青年的来信，诉说自己人生的苦闷，同时也因为穷困向郁达夫求助。于是，郁达夫马上赶到沈从文的住处。正在旅馆破被里冷饿得瑟瑟发抖的沈从文，没想到郁达夫这么快就赶来，激动不已。郁达夫将自己的围巾摘下给沈从文披上，并立刻请他吃了一顿饱饭，还把身上的余钱都给了他。因为还得赶回北大上课，郁达夫未能深谈即离去。但晚上回家，郁达夫执笔到深夜写了著名的《给一位文学青年的公开状》，指出社会对青年的种种不公，这篇文章在青年中激起了深深的共鸣。

郁达夫对蒋介石及国民党反动派深恶痛绝。蒋介石及其爪牙发动“四一二”反革命政变后，为拉拢郁达夫，托人叫郁达夫去帮助整理党务，或者去南京国民政府做个委员，均被郁达夫拒绝。

在苏门答腊，郁达夫被迫给日本宪兵队做翻译。他利用此机会为华侨和印尼人做了不少好事。一次，日本宪兵破获了印尼共产党的一个机关，搜到一份捐款人名单，牵连很广，一旦如实告知宪兵队，该共产党机关后果不堪设想。郁达夫却指着名单对日本人说：“这穷鬼，放高利贷，五盾十盾地放！”宪兵队一听名单没有丝毫价值，立刻撕得粉碎，打了坐守机关的几个印尼人后，扬长而去。还有一次，有个棉兰大侨领带着几个华侨，奉棉兰日本宪兵队的命令，前去缉拿陈嘉庚。他们前来宪兵队要求协助。这群人不懂日语，于是郁达夫翻译时故意加了不少惹恼日本人的话。日本人将这几人痛骂了一顿赶走。郁达夫将这几人遣送到外面，对他们说：“你们忘记了自己是中国人了吗？中国人为什么要捉中国人？快滚回去，以后不要这样了！”

第三辑　郁达夫大事记

郁达夫的《创造》时代

《创造》季刊的诞生

1920年春天的那次聚会，对于郁达夫来说，是终生难忘的。

那一年郁达夫寄宿在日本东京不忍池畔的“池之端”二楼寓所里，正在东京帝国大学经济科深造，靠每月五十二元的官费在物价昂贵的大都市里艰难维生。生活的清贫，更激发了他对毕业后事业的渴望，大脑在不停地酝酿和规划一件影响他一生的，而且日后在现代文学史以至文化史上也是一件有历史意义的大事。

中国的新文化运动掀起以来，郁达夫十分关注国内的新文坛，尽管身居日本，但兴趣使然，他与郭沫若、成仿吾等人，在书信往来或者交谈中，交流最多的就是关于新文学的话题。渐渐地他们发现，国内的新文艺创作远不如日本。对于阅读力非常强的郁达夫来说，当他在东京、名古屋的图书馆里饱览欧美的文学作品后，觉得十分有必要成立一个新文学社团，打造一种纯粹的文学杂志，望能成为中国文学的风向标。

那个春夜，囊中羞涩的郁达夫和张资平凑得一块钱，买来橘子，准备在朋友聚会上吃。这场聚会邀请了成仿吾、郭沫若和田汉。首先到会的是成仿吾，他带着郭沫若关于社团的意见和建议以及书信和诗稿来，三个人就一边吃橘子一边讨论，待橘子都吃完了，问题也讨论完毕，还是没见田汉的人影，只好宣告散会。为此，郁达夫和张资平觉得晦气，白花了一块钱，会议竟开成这样。就在成仿吾离开时，他们气得指着他那装有郭沫若书稿的背包，连续用日语骂了几句脏话。

创造社就是在这场被郁达夫事后戏称为“橘子会”的会上初现轮廓。后来，他们又相续召开了几次会议，参会人员增加了郑伯奇、穆木天等人，终于决定成立文学社团，委派在“橘子会”上失约的田汉回国寻找合作。

尽管郁达夫他们详细规划好了文学社团组织办法、杂志出版、赢利渠道等事项，但现实的困境，远远比这些留学生想象的要残酷得多。他们费尽周折，终于在一年后接到来自上海泰东书局愿意合作的消息。大家为此兴奋极了，郭沫若和成仿吾不顾毕业考试，立刻乘船前往上海，经过一番交涉商谈后，泰东书局才勉强同意与他们合办一本杂志。

带着这点成功和希望，郭沫若立即返回日本与朋友们商谈。由于郁达夫身患严重的胃病，正在东京的神田骏河台的杏云堂医院治疗住院，郭沫若最先找郑伯奇、穆木天、张凤举等人商谈杂志的事，却讨论不出个结果，他只好去东京找郁达夫。

在医院的病房里，久别重逢的两人长谈到深夜，最后商定杂志名定为“创造”，意思是“要以创造者的姿态，努力创造一个光明的世界”。暂定出版季刊，等将来稿源充足后，再出月刊或者周刊。那一夜，郭沫若带来的问题，似乎都得到令人满意的解答。疾病并未削减郁达夫的斗志，郭沫若后来在回忆中说：“我看见他这种热情，觉得到东京的目的是已经达到了。”

郭沫若刚走，郁达夫就提前出院，开始为《创造》运筹帷幄。他通知张资平等社团成员在他的住所开会，会上一致通过社团的出版刊物名叫“创造”，先以季刊形式出版，撰稿任务分发到每个人，趁暑假抓紧创作，暑期结束时交稿。

1921 年 7 月初，郭沫若满载友人们的祝福，匆匆来到上海，实施《创造》季刊的出版事宜。然而，泰东书局给他们提供的环境和条件并不理想。在编辑所里，小小的一间房充当卧室兼办公室，还与一个姓王的编辑合住。上海的 7 月天气炎热，郭沫若每天要看大量稿件，还要应付那些虚伪的人际关系，整天深陷于无聊的应酬中，外加办事流程琐碎拖沓，两个多月过去了，《创造》季刊尚未理出个头绪来，郭沫若却已经疲惫不堪。

联想起出发上海前，郁达夫的来信中“回到上海去不要为流俗所污”的告诫，郭沫若发现自己竟陷入了流俗。像他这样的人，凭现有的能力，想在上海靠文字养家糊口是不现实的，如今只有赶紧回日本继续学业，按期拿到文凭，日后肯定不难找工作。而手上这副烂摊子，他能想到的最佳接手人选就是郁达夫，于是给在日本的郁达夫寄出一封救援信。

郁达夫收到郭沫若的来信后决定立即回上海，没有一丝犹豫。9月初，郁达夫由东京起航回国，此次回国的心情与以往不同，满怀“大干一番事业”的激情，比任何时候都要心胸开阔，精神振奋。

经过简单的工作交接后，郭沫若就登上了去日本的轮船，郁达夫独自在上海着手《创造》季刊的编辑工作和联系“创造社丛书”的出版事宜。他似乎从未如此充实而紧张地生活过，每天阅读大量的稿件，编稿、改稿，与各种人洽谈事情，浑身充满活力，与他在日本常常感到生活无趣、压抑孤独的状态完全不一样。

就在郭沫若离开上海不到一个月时间，上海《时事新报》就刊登出《创造》季刊的出版预告：

> 自文化运动发生后，我国新闻源为一二偶像所垄断，以致艺术之新兴气运，澌灭将尽，创造社同人奋然兴起打破社会因袭，主张艺术独立，愿与天下之无名作家共兴起而造成中国未来之国民文学。
>
> 创造社同人：田汉，成仿吾，郁达夫，郭沫

若，张资平，郑伯奇，穆木天。

郭沫若在日本看到这则文笔极富张力的预告后，对郁达夫的能力钦佩不已，连忙写信来说："我在上海逗留了四五个月，不曾弄出一点眉目来，你不到两个礼拜，便使我们的杂志早有诞生的希望，你的自信力真比我坚确得多呢！"他还鼓励创造社的成员们："我们旗鼓既张，当然要奋斗到底。"

郁达夫是如何做到的呢？这与他自身的文才和复杂多变的性格中爽朗活泼的一面是分不开的。利用暑假到上海协助编稿的郑伯奇回忆起当时的郁达夫，这样说道："他是中等身材，爱着中装，性情平易近人，给人一种亲切的感觉。他爱谈论，说话很随便，但他的一双眼睛却不断地瞅着对方，似乎在探究对他的谈话的细微的反应。他的眼睛不大，也不近视，谈话时反射着光芒，显示出他的聪明、机灵和敏感。"而且，"达夫对于文学事业有很大的抱负，对于自己的创作，他有很强的自信心，他很重视自己的创作，不惜付出顽强的劳动"。

在充沛的热情和高强度的劳动交叉灌注下，郁达夫在编辑《创造》季刊的同时，还将自己的作品编成短篇小说集《沉沦》，作为"创造社丛书"，联合郭沫若的《女神》、朱谦之的《革命哲学》一同出版。《沉沦》是第一部中国现代小说集，为中国的现代小说开创了一种新的写作方向。书一出版立刻引起了意想不到的巨大轰动，同样也给郁达夫带来了许多烦恼和打击。不过，在《创造》季刊创刊号的广告发出后，他所面临的巨大困难就是出版经费和生活费的问题，为了维持生计，他不得不离开上海去安庆教书，而创造社和杂志，是他永远舍得全身心付出的事业。

建设创造社

《创造》季刊创刊号的出版，并没有一炮打响。而《沉沦》带来的巨大影响和心理打击，却像病魔困扰着郁达夫。就在他回日本考完毕业考试，顺利拿到东京帝国大学的毕业证后，他再次回到上海马霍路泰东书局编辑所那狭窄憋闷的小房间里寻求工作与事业时，又是现实的无望和生活的压迫，使他再次踏上去安庆任教的道路。1922 年 4 月，他从北京返乡参加祖母葬礼后又返回上海，在编辑所见到了郭沫若、成仿吾等人。

这时的郭沫若已从日本九州帝国大学医科毕业，日妻安娜和孩子同行，对创造社的创办抱有拳拳之心。成仿吾为表忠心，当着所有人的面撕掉了家里安排他进商务印书馆的介绍信，而在安庆心情事业双重不顺的郁达夫，也被两位同人感染，放弃了归隐山田的打算，送走妻子和孩子，决定在上海和郭沫若他们大干一番，努力编好《创造》季刊。

很快，《创造》季刊第一卷第四期就刊登出郁达夫、郭沫若、成仿吾三人联合起草的《创造社启事》：

> 现在高级文艺的杂志，实在不多，而且一部分颇有点像我们的党同伐异的政党；作者苟且不是现在的名人，或不是他们的同党，就不论作品如何出类超群，要想发表出来，是万办不到的。我们都是一些被压迫的无名的作者，所以我们极愿意为全国的青年朋友们，把我们的小庭园——我们这些无产阶级者的唯一的财产，也实行开放，请他们来自由地栽种。

创造社的“招募令”传出，给中国文艺界吹来了一阵春风，霎时得到响应，投稿剧增。文学青年纷纷慕名而来，给创造社注入了新鲜的血液，整个社团瞬间壮大。郁达夫每天的工作就是对那些上百份的来稿精心挑选，打算提拔一些明星级作者，白采、叶灵凤、叶宗泰、楼适夷、周全平等人在《创造》季刊上脱颖而出，成为中国文学界的后起之秀。

随着阵容的扩大，那年5月，郁达夫提议有必要在《创造》季刊一周年之际，再办一种小型周报，此建议得到全体社员的赞同。1923年5月13日，《创造周报》第一号创刊问世，一炮打响，很快就与《创造》季刊风行全国，创造社顿时声名鹊起。

每逢周末，四马路泰东书局发行部门口就挤满了来买周报的人，报纸刚从印刷所里搬出来，油印未干，就被读者一抢而空。而郁达夫等人的工作也变得异常忙碌，星期一发稿，星期三送初校，星期五送二校，星期六送三校，然后才出版，一个星期下来，时间都被排得满满的。但是他们没有一声抱怨，大家都带着饱满的激情工作。

1923 年 7 月中旬，《中华新报》的主笔张季鸾先生在读过数份《创造周报》后，决定给创造社写信，约请创造社为《中华新报》每天编一页副刊，篇幅是一面报纸的一半，信中声明编辑权归创造社所有，每月的编辑费是一百元。

这份邀请让郁达夫和成仿吾十分高兴，可郭沫若却担心《中华新报》是政学系的机关报，有一定的政治色彩，怕被人利用。而郁达夫和成仿吾却认为，办一个日报不仅可以争取更多的读者，还能吸收到一些外来稿件，反正编辑权在自己手里，上什么稿件由自己定，不必过度顾虑所谓的政治色彩。

在创造社的努力下，名为《创造日》的日刊诞生了，它每天和《中华新报》一同刊出，影响了不少读者。为了避开政治关系，郁达夫还为创刊号写了篇《创造日宣言》，向社会公开刊物的立场和态度：

我们想以纯粹的学理和严正的言论来批评文艺政治经济，我们更想以唯真唯美的精神来创作文学介绍文学。现代中国的腐败的政治实际，与无聊的政党偏见，是我们不能言不屑言的。

我们这一栏是世界人类共有的田园，无论何人，只需有真诚的精神和美善的心愿，都可以自由来开垦。

季刊、周刊、日刊同时发行，将创造社推上了鼎盛时期，内部人员不断增加，社会影响力日益扩大，终于初步实现了他们在“橘子会”上的预想。1923年，郁达夫还将《血泪》、《茑萝行》、《还乡记》三部作品编成《茑萝集》，作为“辛夷小丛书”的第三种在泰东书局出版。

面对自己奋力耕耘出的创造社的成果，郁达夫还是比较满意的。他曾总结说：“一九二三年的一年，总算是我的most productive的一年，在这一年之内，做的长短小说和议论杂文，总有四十来篇。”然而，工作上的丰硕成就并不能排解郁达夫内心的苦闷。由于与泰东书局合作之初没将条件和利润分成这些问题谈好，导致他们成了一群请来做事的长工，住在泰东书局提供的极为简陋的住处，辛苦干了一个月，只得三餐和些许零花钱。后来，见杂志销路不佳，零花钱没了，连住宿都成问题。

1923年8月，郁达夫接到北京大学的电报，由于陈启修教授去俄国讲学，经他推荐，校方决定聘请郁达夫接替陈启修的位置，担任北大的统计学讲师。听说郁达夫要去北京，创造社的骨干们都不同意，毕竟郁达夫是创造社的顶梁柱，他一走，别说季刊、周报、日刊难以维持，估计创造社都会变成散沙一盘。

被生活的贫困折磨得苦闷不堪的郁达夫还是走了。失去顶梁柱的创造社霎时陷入瘫痪状态，一直由郁达夫主笔的《创造日》在他走后的两个月停刊，紧接着《创造》季刊在岌岌可危的处境中苦撑到了 1924 年 2 月也宣告停刊。郭沫若本打算守住《创造周报》，但是，各种涌现而来的问题让郭沫若难以担当，他在信中对郁达夫抱怨："周报时闹稿荒……周报我只想坚持一年，出满五十二号后我不愿再在上海鬼混了。近来生活索寞得很，没有欢欣，也没有哀感，心脑都好像石化了一般。"为减少家庭负累，郭沫若让妻子安娜带孩子们回日本，过了两个月，他也不能忍受贫穷和那些不断涌来的问题，决定追随妻儿们回日本谋生。

上海只留成仿吾苦守着，显然不是长久之计。郭沫若走后，郁达夫回了一趟上海，目的是停办《创造周报》，转而接受北京太平洋社提出的与创造社合办一份新周报的建议。他们俩向郭沫若转达这一提议后，郭沫若表示反对，因为太平洋社这一决策，不过是想借创造社的影响力，来扩大他们政治主张的影响。郭沫若后来在回忆中说："这个求婚的倡议书本来是极好的，但又是成仿吾和我的洁癖误了事。太平洋社的那些从英国回来的学者，我们总是觉得他们太绅士了，说坏些便是官僚气味太重，一时好像合不来。"所以郭沫若不同意郁达夫的“将南北文人融合成一汇”的想法，拒绝“以创造社的文艺去做太平洋社的政治的附庸”，他认为，即使合办，也必须是政论和文论分开，交替出版。

苦守上海的成仿吾也很沮丧，此时他已接到广东大学的聘用书。郁达夫和他都觉得，按如今这个情况，最好的办法也只能与太平洋社合办了。

5 月 19 日，《创造周报》刊出了创造社与太平洋社合办新周报的预告，同时宣布《创造周报》停刊，创造社的所有活动由此终止，郁达夫回北京，成仿吾去广东，创造社三巨头再次各奔东西。而创造社与太平洋社合办的，于 1924 年 12 月 13 日在北京创刊的《现代评论》，也因郁达夫等人发觉被人利用，发了几篇文章后就草草结束了合作。

创造社的复建

在北京大学任教期间，因文学才华得不到施展，郁达夫更加苦闷，十分渴望能拥有一份靠文笔谋生的事业，就更加怀念曾经的创造社了。而其他散落各地的创造社的同人们也有这样的想法。郁达夫离开北京到武昌师范大学任教，正好张资平也在此教书，他们俩一见面就讨论如何恢复创造社。总结过去的失败经验，郁达夫提出：若要复兴创造社，就要自己出版和发行，有属于自己的出版部，不再寄人篱下。

不久，成仿吾因奔丧而顺道来到武汉，三人相聚，仿佛多年前在东京的“橘子会”，都兴奋地讨论起创造社复建的问题来。成仿吾对郁达夫的想法非常赞同，最终三人决定创办《创造月刊》作为复建创造社的第一步。

建立出版部谈何容易，资金就是一个大问题。创造社的骨干们一个个都是拖家带口的，谁也拿不出余钱来投资。正当大家为此发愁时，郁达夫有了奇思妙想，建议以股份集资的办法找来资金，并通知郭沫若，将集资的圈子扩大到日本去，请周全平在上海也加强活动。

1925 年 11 月，郁达夫辞掉武昌师范大学的教职工作，来上海与郭沫若会合，着手创造社的复建工作。他充满热情，活力四射，终日为筹办创造社出版部的事奔忙，终于累坏了身体导致旧病复发，只好将手上的工作交给郭沫若他们，于 12 月去杭州疗养院养病。两个月后，郁达夫病愈出院回到上海，而创造社出版部的重建工作也已基本完成，《创造月刊》即将出版，眼看一派新气象，郁达夫内心愉悦，在为《创造月刊》创刊号写的《卷首语》中这样说：

> 现在我们所以敢卷土重来，再把创造重兴，再出月刊的原因，就是因为（一）人世太无聊，或者做一点无聊的工作也可以慰藉人生于万一。（二）我们的真情不死，或者将来也可以召集许多和我们一样的真率的人。（三）在这一个弱者处处被摧残

的社会里，我们若能坚持到底保持我们弱者的人格，或者也可为天下的无能力者被压迫者吐一口气。

我们的志不在大，消极的就想以我们无力的同情，来安慰那些正直的惨白的人生的战士，积极的就想以我们的微弱的呼声，来促进改革这不合理的目下的社会的组成。

1926年3月16日，《创造月刊》创刊号出版，它标志着创造社已复出，从此开始进行各项活动。两天后，郁达夫和郭沫若、王独清等一行人前往广州，目的是向革命形势高涨的广州宣传推广创造社的刊物。

初到广州这座革命风气浓郁的城市，郁达夫等人充满希望，热情高涨。随着郑伯奇、穆木天等人的到来，创造社的活动开展得如火如荼，十分顺利。基于当前的情况，大家决定在广州建立创造社分部，首先成立出版部广州分社，慢慢再扩大阵容。广州分部的负责人，当然非十分有筹建经验的郁达夫莫属了，他全票通过当选为广州分社的主要负责人，郁达夫也欣然接受委任。此后，他就一边在广东大学执教，一边筹建与经营广州分社。

他们离开上海后，创造社总部失去了主心骨，渐渐乱如散沙。社里的活动都由周全平等人自行安排，好不容易建成的出版部无人管理，里面的小伙计们就在上海私自翻印书籍，出版内部小刊物。而他们所出的书的成本全部都由创造社负担，赚到的钱却私自分赃，结果该印的不印，账目混乱，因无钱出版而造成期刊停刊。

成仿吾对此无能为力，只好去广州找郁达夫他们，商议整顿创造社出版部的事情。在讨论会上，张资平、王独清、成仿吾等骨干都同意选郁达夫为总务理事，回上海整顿出版部，并主编《创造月刊》和《洪水》半月刊。所有人都将希望寄托在郁达夫身上，但谁也没想到，这一次因郁达夫率真的性格，造成同人们思想上出现重大分歧，最终导致十多年的朋友拔剑相向。

脱离创造社

郁达夫辞掉广东大学的工作，于 1926 年 12 月 17 日启程，一路且玩且行，十天后抵达上海，当即着手出版部的事。对于小伙计们的行径，郁达夫十分气愤，他在 1927 年 1 月 6 日的日记中这样写道："有人来访，谈创造社出版部内部整顿事宜，心里很不快乐，总之中国的现代青年，根底都太浅薄，终究是不能信任，不能用的。"

五天后，郁达夫又在日记里发怒，"在出版部里，又听到了一个恶消息，说又有三人合在一处弄了我们出版部的数千元去不计外，还有另外勾结一家书铺来和我们捣乱的计划。心里真不快活，人之无良，一至于此。”

为了尽快平衡收支，郁达夫把精力都倾注在提高《创造月刊》和《洪水》半月刊的质量上，以期提高当月的销售量。他干劲很大，同时主编两本杂志，还写了《过去》、《冷清的午后》等小说和数篇杂文，作为提高销量的重磅文章。1927年1月16日，《洪水》半月刊出版，一篇作者署名“日归”的《广州事情》在社会上引起了很大的影响，那期《洪水》几日后脱销，销售商连连要求再版。可是，就因这篇出自郁达夫之手的《广州事情》，引来了创造社成员们的责备和谩骂。

在这篇文章中，郁达夫将在广州的所见所闻，包括他对革命的质疑、失望、厌恶，都写进去了。文章发表后，很快就收到郭沫若和成仿吾等人的来信，均指责《广州事情》倾向不好，影响太坏。而成仿吾又在3月1日的《洪水》半月刊上发表了《读了〈广州事情〉》，严厉批评郁达夫的《广州事情》观察不实，意识不清，对革命的过程没有明确的认识，也没有除尽小资产阶级的根性。成仿吾还扬言，宁愿《洪水》半月刊马上停刊，也不愿再看到有《广州事情》之类的文章再出现。

成仿吾写这篇文章的真正用意，郁达夫并不理解，他认为是朋友不理解自己，为此很气愤。随着“四一二”反革命政变爆发，郁达夫又在4月28日写的《诉诸日本无产阶级文艺界同志》中毫无保留地揭露蒋介石以及国民党反动派的罪恶。于是首先有文章对他进行谩骂攻击，接着有人来创造社出版部对他们威胁、恐吓，5月29日，军警包围了创造社出版部进行强行搜查，还逮捕了几个职员。

郁达夫正巧前一天去了杭州，幸免一劫，但他却遭到创造社成员的强烈指责，怪他口无遮拦，行为不慎，导致创造社惨遭搜查，发表了《广州事情》还不算，还不停地写言辞激烈的文章，最终连累创造社。正由广州带了重大使命去日本的成仿吾对郁达夫说："这都是你的不是，因为你作了那种文章，致使创造社受到了这样的惊慌与损失！那些纸上的空文，有什么用处呢？以后还是不做的好！"

郁达夫满含委屈，看到与十多年的老朋友在思想上竟然出现这么大的隔阂，在《对于社会的态度》中他失望地说："因为这几句警告的结果，成氏的那位亲族，现在是在管理创造社的全部财产的那位亲族，本来就怨我管得太严的这位成氏，竟对我很明显地表示了反抗的态度。"他无法接受朋友们对他拔剑相向。尽管从创造社的成立、发展，到后来的复建，郁达夫都倾尽了热情和心血，做出了不可磨灭的贡献，没有他，或许根本就没创造社，更没有当下的这片肥沃的文学天地，但是单纯真挚的郁达夫却不肯受委屈，他宁可放弃这块付出了诸多心血的阵地，也不想与这样一群人继续虚伪，互相残杀。

1927年8月15日，上海的《申报》和《民国日报》同时登出了《郁达夫启事》：

人心险恶，公道无存，此番创造社被人欺诈，全系达夫不负责，不先事预防之所致。今后达夫与创造社完全脱离关系，凡达夫在国内外新闻杂志上所发表之文字，当由郁达夫个人负责，与创造社无关，特此声明，免滋误会。

从此，郁达夫在自己同伴的误解声中，含着委屈的情绪，永远脱离了他倾注了七年多心血的创造社。

郁达夫与王映霞的爱恨情仇

一见钟情的狂热

要论郁达夫人生中最重要的人，当属王映霞。

1927年的春天，郁达夫去留日同学兼老友的孙百刚家里做客时，见到了一名年轻貌美，聪慧活泼，又有文人教化的女子，他立刻被吸引住了，顿生一见钟情的美妙感受。在当天的日记里如此写道：

> 中午我请客，请她们痛饮了一场，我也醉了，醉了，啊啊，可爱的映霞，我在这里想她，不知她可能也在那里忆我？

此时的郁达夫并非毫无感情体验的人，他年已三十，与远在北京的孙荃育有子女，不管是在安庆还是北京，出入烟花柳巷是常事，并与海棠、银弟等妓女产生过感情。面对王映霞时，他却无法控制住内心的热情。郁达夫就下定决心要爱这名女子，在第二天的日记里这样写道："我想这一回，若再把机会放过，即我此生就永远不再能尝到这一种滋味了，干下去，放出勇气干下去。”

此后一连几天，郁达夫都想方设法要见王映霞，丝毫没考虑到孙荃和孩子们。这时候的他，要的不再是一个婚姻形式上的妻子，也不是一个只能满足生理需求的异性伴侣，而是为圆一个梦想。早在日本留学时期他就在呐喊：“知识我也不要，名誉我也不要，我只要一个能安慰我体谅我的‘心’。一副热白的心肠！从这一副心肠里生出来的同情！从同情而来的爱情！我所要求的就是爱情！”

王映霞无疑是能实现他这一梦想的合适人选，郁达夫在初次的接触中就察觉到了。他为此夜不能眠，神魂颠倒，因为他意识到，自己苦苦追寻了很多年的真正意义上的恋爱，很可能就在这名聪明美丽的女子身上实现。

几乎是在极短的时间内，郁达夫为王映霞疯狂起来。他的狂热多半是源于现实的阻力和不自信。尽管郁达夫身怀绝世才华，但因敏感脆弱且爱质疑的性格，他总是将成功看得很轻，把失败看得很重，对自我评价不高，最主要的是，他是个有妇之夫。

妻子和孩子是他追求王映霞初期时的最大阻力。孙百刚看在自己的父亲与王映霞的祖父素有交情的分上，不得不出面制止郁达夫，同样也是为多方的利益着想。但在这个时候，阻力只会激发郁达夫的斗志，越是得不到的，他就越认为一旦错过，将遗憾终生。因此，郁达夫激动地用日语对孙百刚说：

一到此处，只要看见她，我的灵魂似乎找到了归宿处，像迷途的孩子重复来到母亲的怀抱一般。即使她不和我说话，也觉得精神上很安慰。如果她偶尔和我谈上几句话，我全身的细胞神经，像经过熨斗烫过似的舒服服帖。……我明知道中年热恋的后果，常不佳妙，但教我如何办呢？

因为不自信，也因自知这场爱情难以顺利，郁达夫拿出了全力以赴的姿态来。相比之下，年仅十九岁的王映霞虽然缺乏经验，却显得冷静理智很多。相遇之初，她对郁达夫不无好感，毕竟她在浙江女子师范读书时曾是《沉沦》的读者，对郁达夫的声望早有耳闻，如今见到本人，她也是敬爱有加。

可是，王映霞是个出自大家族的名媛，从小接受传统文化的熏陶，尽管她后来也读过新学堂，但是她的思想行为并不像郁达夫这样无视传统礼教，浪漫随性，无所顾忌。她是个十分注重声誉的人，对郁达夫已有家室耿耿于怀。交往初期，她就觉得与这样的男人关系密切有辱身份，生怕引来闲言碎语，特别是孙百刚夫妇过问她对郁达夫的想法之后，她甚至有种羞赧之感，生怕有人在背后指指点点。

面对郁达夫的猛烈追求，王映霞决定逃回杭州，以摆脱他的纠缠。而美人的逃避，更加激发了郁达夫的狂热，他不再隐藏自己的感情，写了一封开诚布公的信寄往杭州。王映霞回信了，郁达夫仿佛看到了曙光，他迫不及待地向她吐露爱意，同时也希望能通过直接晤谈，争取到她一个明朗的态度，以此摆脱情绪压力给自己带来的痛苦和绝望。

信一封又一封寄出后，王映霞被郁达夫的真情打动了，终于来信约他面见，并悄悄回到了上海。她是出于母性中的同情而决定见他的，但对于郁达夫而言，却恰恰是他理想中的那种“从同情而来的爱情”！尽管在晤谈的过程中，王映霞一直沉默不语，多半在听他说，郁达夫却对这次见面激动得在日记里感慨：

> 无论如何，我总承认她是接受了我的爱了。我以后总想竭尽全力做成这一回的 perfect love，不至辜负她，不至损害人……啊啊！人生本来是一场梦，而我这一次的事情，更是梦中之梦，这梦的结果，不晓得究竟是怎样，我怕我的命运，终要来诅咒我，嫉妒我，不能使我有圆满的结果。

这次见面，双方关系更进一步了，但不自信的郁达夫变得更加患得患失。在往后的追求里，他依旧执着狂热，触及妻子儿女的问题时，他又变得略微理智起来，毕竟对他们他有着不可推卸的责任。

郁达夫与孙荃的结合，虽是父母包办，可是他们不是完全没有感情。当年他在日本因与隆子的恋爱惨遭中断，而后靠妓女来排泄苦闷，孙荃的出现就像从远方吹来的春风，给他带来了无限的寄托和抚慰，两人结婚时也曾有过新婚宴尔的甜蜜光景。不过，郁达夫从来都不承认这些就是爱情，并且在回应王映霞提出“赶快把我的身子弄得清清爽爽的，可以正式地和你举行婚礼”的要求的绝交信中，他一再说明与孙荃只有旧式婚姻的关系，没有感情，更没有爱，可见爱情在郁达夫的观念中，是有着独特的标准的。

郁达夫既不愿抛弃旧妻，又要与很在乎名分与颜面的王映霞在一起，这是极其矛盾的。到了这时，郁达夫内心的不自信已完全上升到了自我否定，连他都对这场恋爱不抱希望了。而结果却非常戏剧，绝交信不但没吓退王映霞，反而让她明白出于责任，孙荃是她不可逾越的一道坎，从而更让这个缺乏经验的女子懂得了什么是爱情，并勇于选择爱情。

这对一见钟情的情侣，终于冲破芥蒂走到了一起。对于郁达夫而言，他不但有了一种人生满足感，还对未来的生活充满热情，他戒烟戒酒，努力工作，并在信中对恋人立下承诺：

> 总之，映霞，我以后要努力了，要好好儿的做人了，我想把我的事业，重新再来做过一番，庶几可以不使你希望，不使人家会笑话你爱错了人。

这时的郁达夫明显了解王映霞是什么样的女人，知道她最在乎什么，因此为报答与保护这份爱情，郁达夫试图改变自己，去达到她的标准，不愿让这份爱情再遭挫折。

1927年，上海发生大规模革命政变，郁达夫借避难为由去杭州见日思夜想的恋人。在王映霞家里，郁达夫得到了热情的接待，祖父王二南对他一见如故，谈话投机，整天对酒谈诗，一顿饭要吃上四五个钟头。因此，虽然当时的郁达夫看上去有些不尽人意，创造社出版部因社会局势而陷入停滞状态，祖产未分，妻子未离异，子女赡养问题又因没钱而无法兑现，还因受到当局政府的怀疑而弄得行动都失去了自由，但王家还是认可了他。

王家的肯定让郁达夫十分振奋。他在杭州住满了一个星期才离开。回到上海的郁达夫不再心烦意乱，并且干劲十足，他暗下决心："以后我要奋斗，要为国家而奋斗，我也不甘再自暴自弃了。"并且他充满信心，努力变成王映霞喜欢的样子，并在给她的信中不断勉励自己，立下承诺：

> 我索性把烟酒都戒去了……映霞，人家都说我是为你戒的，我也觉得有点是为了你，我们以后见面的时候，大约你要骇一跳，惊叹我的各种习气的改掉。

与此同时，王映霞也做出了爱的回应，由杭州转到嘉兴，在嘉兴二中附小担任教师工作。在王映霞的祖父和母亲的默认之下，郁达夫决定将他们的关系公开，定于6月5日晚上在杭州聚丰园举行订婚仪式，一本名为《艺术界》的杂志还刊登出他们恋爱的消息。

幸福并不完美

郁、王二人订婚，是爱情已瓜熟蒂落的见证，同时也激怒了远在北京的孙荃和郁达夫的大哥郁曼陀。杭州的订婚宴，郁达夫只请了二哥郁养吾一个亲人，其余的全是王映霞这边的亲朋好友。他之所以这样做，是因为二哥也刚娶了二夫人，想必他最能体谅自己的苦衷。

而至于将王映霞娶进门后是做妻还是妾的问题，郁达夫也接受了二哥的建议——“两头大”，即指在故乡有一个结发夫人，外面再有一个夫人。这在当时的社会十分普遍，也有利于他既不必抛弃孙荃，又能与心爱的王映霞厮守。

订婚完回到上海不久，郁达夫就连续接到孙荃和大哥的来信。孙荃大骂他无情无义，还以死威胁，这是他早就料到的。但见大哥信中那些刺耳的责备，他反而发火了，拿出了当初留学日本时的叛逆来。在北京亲人的极力反对声中，郁达夫于1928年初与王映霞正式结婚。他们原计划赴日本东京举行婚礼，行前向一些亲友发出了喜帖。后来因路费难以解决和政府要向郁达夫发难等问题，而临时取消日本之行，转到郊外匿居了一个多月，害得在日本接到宴请通知的亲朋们按时抵达酒席现场，却扑了个空。

1928 年 1 月，郁达夫和王映霞在上海南京路东亚酒楼宴请宾客，宣布正式结婚，此时他三十二岁，她才二十岁。

婚后四个月，王二南来上海群治大学任教，在郝德路嘉禾里后弄 1442 号租了一幢洋房住下。这对新婚夫妇为了和王二南相邻，搬出民厚南里，租住在禾里后弄 1476 号的洋房里。房间面积不大，里面没有天井，家具都是租来的，一日三餐，也常到后弄的王映霞母亲家里吃，但是夫妇俩还是为有一个属于自己的小家而欣慰。

当爱情转变为婚姻，家庭所带来的负累渐渐让郁达夫烦躁起来。一贯随性放任的郁达夫喜欢独居，最不喜欢有个人整天在身边，虽然生活上得到无微不至的照顾，但是想做什么都有个牵绊，要去哪里都还要想着家里的妻儿。当初他在安庆与孙荃同居，就被这种家庭压抑感折磨得痛苦不堪，以致他不断地怀疑自己与孙荃的感情。而到了工映霞，他对她的爱情确实是真的，但还是不免感到烦闷。外加王映霞是一个追求安稳，需要强烈安全感的女人，出身大家族的她从小就养成了良好的生活习惯，婚后有了孩子，很快就成了个善于操持家务的好主妇。

可郁达夫偏偏要逃离王映霞苦心营造的“安宁”，各种恶习也随着时间的推移而渐渐复发，导致夫妇俩时常为喝酒抽烟的事发生争吵，性格上的问题也导致夫妻冲突不断。1929 年 8 月，就在王映霞怀第二个孩子到八个月大时，郁达夫受聘到安徽大学任教。但他刚到安庆不久，就有朋友通知他当地政府正在布下陷阱暗算他。郁达夫马上登上船返回上海，安徽之行就此结束。

从安庆回来后，郁达夫的心情一直低迷，女儿静子的出生更是扰乱他的心绪。由于是一个女孩，再加上较爱哭闹，更惹来郁达夫对孩子的讨厌，一有哭声就对他们骂起来。王映霞对此很无奈，待静子满月后就送回杭州让母亲帮抚养，等静子再回上海时已是个三岁大的小姑娘了。可是，郁达夫一直都不喜欢静子，孩子刚回到身边不久，他又提出把女儿送给别人，王映霞只好把静子交给当地的一个保姆照看。不到两年，这女孩就因病夭折了。

1930 年的夏天，二哥郁养吾来上海看望他们，兄弟二人相见愉快。可是，在接风宴上，由于王映霞干涉他们的酒量，郁达夫十分生气，一气之下他冲出家门，抛下二哥和妻子不知去向。

第二天，尴尬的王映霞强颜欢笑地送走二哥，心里有说不出的委屈和愤怒。而郁达夫却一声不响地去了宁波，因手表和钱包被偷后拍电报通知王映霞赶快送钱来。等王映霞当了几件值钱的首饰赶到宁波，却见郁达夫一副若无其事的样子，连一句道歉的话都没有。她失望极了，终于意识到郁达夫的放任随性不会因为感情或者婚姻的束缚而有所改变。而郁达夫有了这一次离家出走的经验后，他动不动就不知去向，借机恢复一下他没有牵绊的生活方式，满足一下幻想。无奈的王映霞如此感叹道：

> 许多事是不能有一个开头的。有了第一次，还会有第二次第三次，甚至于无数次。有时候为了饮酒，又有时为了别的鸡毛蒜皮之类事情，我只须看他眉头一皱，头一摇，知道他马上会犯出老毛病了。

郁达夫动辄离家的坏毛病给王映霞造成了深深的心灵创伤。她后来在回忆中说："为了爱面子，在朋友面前我不敢声张出来，爱与恨的复杂的感情充满了我的心，我曾动过多次可怕的幻想；但等到他安然地又回到家中的时候，便立即消失了。"郁达夫每次走得并不远，隔夜或两三天后就会自己回来。面对这屡教不改的坏毛病，王映霞只好装作看不见，表面看似习以为常，其实内心忍住了诸多怨恨，日久天长后，累积成他们家庭矛盾的症结。

感情的裂痕，随着生活的摩擦日益增大，昔日的誓言都成了王映霞愤怒的原因，对他也丧失了热情。她不再管束郁达夫，不再关心他的身体健康，任由他是好是坏都不再为此伤心落泪，担忧焦虑。可是，最让她无法忍受的是郁达夫与孙荃的关系。

1931 年 3 月 2 日，郁达夫被列入要抓捕的左联作家黑名单里。他未来得及通知家中已有九个月身孕的王映霞，就一路逃往富阳，躲了大半个月，还在孙荃的宅子里住了几日。这件事让王映霞火冒三丈，郁达夫回到上海的家，刚进门两人就大吵起来。在后来的《答辩书简》中王映霞很气愤地这样说：

> ……兽心易变，在婚后的第三年，当我怀着第三个孩子，已有九足月的时候，这位自私、自大的男人，竟会在深夜中窃取了我仅有的银行中五百元的存折，偷跑到他已分居了多年的他的女人身边，去同住了几日……等他住够了，玩够了，钱也花完了，于写成了一篇《钓台的春昼》，一首“曾因酒醉鞭名马，生怕情多累美人”的七律之后，也许是受了良心的责罚吧，才得意洋洋地，又逃回到当时我曾牺牲了一切安乐，而在苦苦地生活着的上海的贫民窟里来。

对重名分、爱面子的王映霞来说，“两头大”的婚姻关系让她的心灵蒙上了很深的阴影。而郁达夫在言谈举止之中，还有意无意地影射她是个“妾妇”，1932 年郁达夫在杭州养病时写的《登杭州南高峰》的七律诗中，就将王映霞比作苏东坡的侍姬——朝云。而且，在郁母七十大寿时，王映霞在轮流拜寿过程中被孙荃抢去了风头而深感羞辱，觉得自己在这个家中没地位，如今又出了这种事，完全冲溃了王映霞的容忍度。

这次夫妻吵架十分剧烈，惊动了王家人。祖父王二南专程乘火车来上海做调解，郁达夫也写保证书称绝不再犯，还是不能让王映霞放心。她不再相信郁达夫，觉得他是一个很不负责任的人，难以从中找到安全感，于是她强烈要求掌握家庭经济，管理他的所有版税。

无可奈何之下，郁达夫只好请来律师徐式昌和北新书局的老板李小峰等人，当众写下一式三份的“版权赠予书”，律师、书局和王映霞各持一份，这才平息了这场家庭风波。然而，夫妻的感情裂痕却无法愈合，郁达夫觉得王映霞变了，不再是当年活泼善良的小姑娘，她变得世俗、爱钱、爱名分，竟把物质看得如此重要。签下那份冷冰冰的“版权赠予书”时，郁达夫的心头突然涌起一种凄凉的幻灭感。

“风雨茅庐”更起恩怨波澜

1933年初，郁达夫终于认同了王映霞的想法，全家移居杭州。

他们移居杭州的理由主要是：上海的物价高涨，而郁达夫创作数量日渐减少，在杭州家庭开支低上海许多。其二是孩子都长大了，在杭州进行教育花钱少，还能托熟人进个好学校。其三考虑到上海白色恐怖弥漫，对郁达夫的人身安全和家庭威胁巨大。而郁达夫也有了“一到了中年，也颇以没一个归宿为可虑，近来常常有求田问舍之心，在看书倦了之后，或夜半醒来，第二次再也睡不着的枕头上”的归隐心情，还有，他对上海的浮华厌倦透了，觉得“在一处羁住久了，精神上习惯上，自然会生出许多霉烂的斑点来”。

当年的 4 月 25 日，春雨霏霏，郁达夫一家登上了去往杭州的火车，“在不断的雨丝中，向西进发，野景正妍，除白桃花，菜花，棋盘花外，田野里只一片嫩绿，浅淡尚带鹅黄”。窗外的江南春景让他们神清气爽，郁达夫有些高兴也有些自嘲，他在日记里说：“移家的心愿，早就有了……这很不容易成就的浅浅私愿，竟也猫猫虎虎地实现了。”

初到杭州，夫妻俩还是愉快的，虽然租房是“东倒西歪的三间旧屋，沙发是没有的，镜屏是没有的，红木家具，壁画纱灯一概没有”，但比起自己因贫穷，也享受不到“浮华的十里洋场”的半点文明的上海，这里的物价便宜，多少能减少王映霞因生活拮据而频频爆发的怒火。而且这里是历史悠久的古都，没事可以去走山玩水。平时在家里，吃点酒，配些精致的小菜，看看闲书，睡睡午觉，王映霞没事就去走门串户，大家清净自在。

然而，事情并非按他们想的那样发展，他们还没安定下来，就有政府官员、亲朋好友、媒体记者慕名而来，郁达夫家热闹非凡，各种邀请接连不断。王映霞日后回忆起这段往事时这样说：“从此，我们这个自以为还算安静的居处，不安又不静起来。比如，今天到了一个京剧名角，捧场的有我们的份；明日为某人接风或饯行，也有给我们的请帖；什么人的儿女满月，父母双寿，乃至小姨结婚等等，非要来接去喝酒不可。累得我们竟无半日闲暇……”王映霞不得不穿起旗袍革履，穿梭于上流社会的先生太太之间，其中不乏浙江省教育厅厅长许绍棣这样的高官，外加王映霞风华正茂，人情练达，更是让郁达夫夫妇与官场和文人之间的交往锦上添花。

在杭州，郁达夫经常受政府或者其他人邀请公费旅游，让他一时间甚至迷上了旅行和写游记。1934 年的夏天，杭州闷热难耐，郁达夫和王映霞夫妇应友人汪静之等友人的邀请，决定到青岛海边避暑，夫妇俩带了大儿子郁飞去。在青岛住了四十多天后又转到北京，带未来过北京的王映霞四处逛，游览了故宫、北海、三贝子花园等名胜古迹。后又在已到北京工作的孙百刚的陪同下，来到北戴河海滨游玩。

就在度假过程中夫妻感情逐渐升温之时，杭州家里发来电报，说四儿子病重，让他们速归。焦急的王映霞心急似火，立刻带着大儿子一起赶回杭州，可是还是没法将小儿子救活。因这次四儿子的死，王映霞再次提出建造属于自己的房子，认为没有房子实在不方便。又一次陷入痛失爱子悲痛中的郁达夫也同意此想法。

一日，王映霞去拜见孙百刚，在孙家遇见了沈太素，闲聊时才得知由沈太素负责的浙江省立救济院有两块田产就在他们租房的旁边，只要拿三十亩山地来交换就行。得知王映霞有心买地，沈太素就热心地托人买来山地，相关的手续一并代劳，只需他们出买地的钱就可以。

解决了地皮问题后，建房的钱所剩无几。心烦的郁达夫在发表于《文学》月刊上的一篇名为《住所的话》的文章中，毫不掩饰地表达自己想建房的事和内心的烦闷。朋友见了之后，纷纷表示给他支援，有给他借钱的，有做建筑的朋友为他设计和修建的。1935 年底，房子开始动工，直到次年的春天才完工。

郁达夫给这所房子取名“风雨茅庐”，有躲避风雨之意，还请马君武将这四个字写成横幅，挂在正客厅里。这所房子建得可谓典雅舒适，然而，单建造费就花去了一万六千元。三间正屋一字排开，书房、灶房、孩子游戏室、猫狗舍俱全，铁门、花园、甬道、月亮门都一并修齐，室内家具全部是新的，墙上装饰着字画。郁达夫的两间图书室里，沿墙一道高大的书架，上面摆放着他多年购置的万册图书，并且在墙脚的角上，向里安放了一块界石，上面有郁达夫书写的“王旭界”三个字，意思是：这座房子的主人是王映霞，而不是郁达夫。这是郁达夫为满足王映霞在夫妻财产分配上的想法而采取的举动，也是他在去闽南之前安慰王映霞的手段。

建造“风雨茅庐”不但花掉了郁达夫的所有积蓄，还欠下了四千多大洋的债，这让郁达夫深感重负。这时，正在福建省政府担任主席一职的陈仪正在物色一名翻译，用于应付那些蜂拥而至的日本人。经过葛敬思的介绍，他认为郁达夫是个人才，因自己的弟弟也是郁达夫在日本留学时的同学，因此对郁达夫十分信任，认为他是一个再合适不过的人选。

接到陈仪发来的邀请函后，郁达夫欣然表示同意赴闽任职，希望能多找些钱来还债。王映霞也同意他去福建，毕竟在杭州的应酬实在太多了，不过她要求陪他一起去。郁达夫却坚决不同意。王映霞就认为他之所以要独自去闽南，就是为摆脱家庭的羁绊，四处潇洒，挥霍钱财，借机恢复那些久违的放纵自由的生活，就像过去他时不时离家出走一样，放任地喝酒抽烟逛馆子。

为了这些问题，夫妻俩一连吵了几天。出发时，王映霞还坚持要把他送到上海，登上轮船后才放心。郁达夫觉得王映霞依旧不信任自己，为了安抚她的心，他每天每到一处都写信发回杭州，可是王映霞回信的内容除了叮嘱他不要喝酒抽烟乱花钱，就是督促他把握好人际关系，寻找升官的机会，对于郁达夫无心升任也颇有微词。两颗心已完全在人生观、价值观等问题上背道而驰，渐行渐远。

1937 年 8 月，上海遭受空袭，郁达夫前往上海接从日本秘密回来的郭沫若。由于敌人封锁海面，他在回闽南的途中遭到拦截，只好从宁波登陆，改道回杭州看看，没想到扑了空，问了邻居才知道，王映霞去富阳避难去了。

在富阳见到刚从逃难中安定下来的王映霞，郁达夫就对她发了一通脾气，怪她擅自离开杭州也不通知一声。而王映霞独自承担全家大小的逃难工作，十分辛苦和无助，忍不住与他大吵起来。其实，郁达夫是带着很深的怀疑回来的，他在福建任职的这一年多时间里，时不时听说王映霞红杏出墙的绯闻。

美丽而正值盛年的王映霞在接人待物方面很老练，经常出入上流社会交际，与达官贵人往来频繁，其中关系甚密切的当属浙江省教育厅厅长许绍棣。“风雨茅庐”建成后，尽管郁达夫已人在福建，但郁家由美丽老练的王映霞操持着，依旧门庭若市。而今绯闻一出，郁达夫不由得联想到许绍棣，外加他去斐仙庙里拜菩萨求签时，抽得了一句“鸣鸠已占凤凰巢”，这更让郁达夫对王映霞出轨的事深信不疑。

在去武汉国民政府军事委员会任职之前，郁达夫专门赶到浙江丽水，决心要带王映霞一起去武汉，尽力挽回两人的感情。这时候关于王映霞的绯闻已很多，不少浙江老乡都确认她与许绍棣有关系，而且认为王映霞从富阳到丽水避难后两人已同居了。

郁达夫在丽水找到王映霞，发现她确实和许绍棣住在同一幢楼里，顿时火冒三丈，没弄清原因就大骂王映霞，而饱受委屈的她也毫不示弱地与他争吵不休。如果没有许绍棣的帮助，王映霞肯定不能和这些政府官员在同一幢楼里避难，享受同等的待遇和保护。可郁达夫并不关心这些，死死质问她与许的关系。

这回，倍感委屈的王映霞也模仿他离家出走了。就在郁达夫到丽水的第三天傍晚 6 点，许绍棣驾车去碧湖，王映霞突然也随车同去。那天晚上的郁达夫彻夜不眠，他像一头困兽满屋子里转，羞耻、伤心、愤怒像巨浪一次次把他推倒。等到天亮时，王映霞回来了，一副若无其事的神态。郁达夫再也忍不住了，气急败坏地一股脑儿地把他所听到的绯闻全说出来，不停地骂她“婊子、贱货”。

王映霞一反常态，不再与他争执，脸上只有失望的神情。等他吼完了，骂够了，她才对郁达夫的那些谩骂和指责进行反击和解释，一再强调自己与许绍棣交情普通，只是朋友关系。最终，她答应与郁达夫去武汉，以此表示自己的忠心。然而，此去并不能弥合他们越来越深的感情裂痕，反而激起更大的风波。

在武汉，郁达夫频繁到各地战场视察、慰问，经常不在家，而王映霞的绯闻依旧未停止过，郁达夫又听闻她与戴笠有不寻常的往来。从外地回到家里，郁达夫一见王映霞就生气，先是冷嘲热讽，后来是两人激烈争吵，郁达夫一气之下夺门而去，自己跑到酒馆里发泄了一把。

那天晚上，郁达夫没回家，次日他照常去上班，回来时孩子跑来告诉他说妈妈不见了。郁达夫跑进屋子里，发现她平时穿的几件衣物和皮包都不在了，他心头一紧，难道她和许绍棣私奔了？他翻箱倒柜，没找到一封书信或留言，最后从她平时最喜欢的一件丝衫口袋里抖出了一封信，果真是许绍棣写给她的情书。

郁达夫恨得咬牙切齿，在屋子里厉声痛骂王、许。悲愤之下，他提笔在丝衫上写了“下堂妾王氏改嫁前之遗留品”，以此发泄怨愤。并将那封情书拿到照相馆翻印，遇见好朋友就送一份。这还不算，郁达夫还去报社刊登《寻人启事》。就在王映霞失踪的第四天，《大公报》上出现了这样一段文字：

> 乱世男女离合，本属寻常。汝与某君之关系，及携去之细软衣饰现款契据等，都不成问题，唯汝母及小孩等想念甚殷，乞告以住址。

可是，王映霞依旧下落不明，气急败坏的郁达夫打算再刊登断绝关系的启事，引来朋友们纷纷劝阻，田汉等同事也表示要尽力调解。就在这时，一名姓曹的杭州籍律师登门拜访，告诉他王映霞正住在他家里，由他的太太陪着。

郁达夫立即随曹律师一起出门，在曹家见到王映霞，立刻遭到她一顿痛骂。是那份《寻人启事》刺伤了她。王映霞不愿回家，把自己关在小屋子里，怎么敲门都不肯开。郁达夫打算在曹家过夜，无论如何都要把王映霞劝回去。经过曹律师一家的劝说和郁达夫的一番努力，次日早上，王映霞的态度才稍微缓和一些，但是她要求郁达夫在报纸上道歉，挽回她的声誉。郁达夫一口答应，抽出钢笔就要写。

可王映霞却不要他写，夺过笔自己在纸上飞快地写起来，不一会儿就递给郁达夫。只见上面写道：

> 达夫前以精神失常，语言不合，致逼走妻王映霞女士，并登报相寻。启事曾误指女士与某君的关系及携去细软等事，事后寻思，复经朋友解说，始知全出于误会。兹特登报声明，并致歉意。

郁达夫不禁苦笑，“精神失常”、“语言不合”、“逼走”这些字眼让他心有不服，但他了解王映霞的脾气，只要王映霞回家，要他干什么都行，他内心依旧是爱她的。

1938年7月10日，汉口《大公报》又登出了郁达夫的《道歉启事》，他们的感情矛盾完全公开化了，一下子就成了武汉家喻户晓的新闻。这天，王映霞回家了，家庭风波就此宣告结束。回家当晚，两人进行了婚后最长的一次谈话，双方都做了忏悔和道歉。并立下协议书，希望能忘掉过去，重新开始，“再重来一次灵魂与灵魂的新婚”。可是，他们之间因性格问题而产生的感情裂痕，并非是一纸承诺就能够解决的，况且王映霞从来都是个聪明倔强的女人，她不像孙荃那样隐忍，不管郁达夫如何对待她，只会委曲求全、逆来顺受。为了自身利益，王映霞时刻敢与郁达夫抗争，倘若郁达夫有忤逆她的地方，她就会竭力进行打压和管制。到如今，两人早成了一对冤家夫妻。

毁家诗纪

武汉将失守，郁达夫和王映霞一家逃到汉寿避难。由于当地风景优美，物价低廉，在悠闲的田园生活中，两人的心情都平静了下来，夫妻关系好转，日渐进入温馨甜美的阶段。可是，随着福建政府复聘郁达夫去闽南赴任，两人的感情骤然恶化。

王映霞反对郁达夫再离开她去闽南赴职，因为当下社会混乱，战火纷飞，她一个人照顾三个孩子和一个老人实在力不从心，全家人好不容易团圆，才刚刚安定下来，他这一走就不知何时才能相聚了。

郁达夫丝毫不顾家人和王映霞的感受，坚持去福建赴任。尽管他一路上寄给她明信片，写信、赠诗，都不能平息王映霞心中的怨气。郁达夫离家两个月后，王映霞接到他打来的电报，让她带领一家人速来福州，然后随他一同去新加坡。郁达夫一心想换个新环境，好能有个新开始，他们当初在武汉闹的矛盾圈内人都知道，难免会有人在背后指点议论。可他没考虑到，当下的中国到处战乱，武汉沦陷后，大批难民四处逃散，纷纷往湖南、四川方向跑，交通拥挤不堪，并不是出行的好时机。

为了一家团圆，王映霞冒险举家下闽南。他们于 1938 年 11 月初离开汉寿，辗转来到长沙，准备坐车到浙江江山，再跨越仙霞岭到福州。当他们赶到长沙时，岳阳沦陷，长沙危在旦夕，就在他们挤上最后一趟去江山的火车时，身后的城市一片火海，他们寄存在长沙车站的行李全部遗失，里面有王映霞所有的书籍信件、全家人的照片、协议书、赠予书等，只带得少量的衣物上路。

到了江山，社会形势混乱让他们滞留了两个星期，在福州等不来人的郁达夫十分着急，不停地给他们拍电报催促。王映霞只好选择乘汽车去浦城，由于沿途交通拥挤，王映霞觉得一家人实在难以上路，她与母亲商量对策，决定两人分开行动，自己先带大儿子郁飞去福州，母亲就带两个小孩去浦城，先暂留在那里等候消息。

1938 年 12 月 18 日，王映霞和郁达夫终于会合了，她带着复杂的心情登上了前往新加坡的轮船。王映霞一直烦闷不开心，心里放不下滞留在国内的母亲和两个孩子，并且将这一路上遇到的苦难和惊险，都归到郁达夫头上，怨他当初不听自己的话，非要去福建，如今还硬要出国。

在新加坡，郁达夫很快适应环境，在《星洲日报》干得如鱼得水，王映霞负责妇女版的工作，两人的生活物质宽裕，很快就从旅馆搬到了当地中产阶级住宅区里。可是，物质上的满足并不能平息王映霞积累已深的怨气，王映霞多次要求回国把母亲和孩子接来，郁达夫总有许多借口和理由推辞，说再等等吧。渐渐地，王映霞回国的希望也被现实消磨殆尽了，可她不再像过去那样与郁达夫争执吵闹，而是把怨恨压在心头，以冷漠反抗。他们一起出席活动时，两人还能在人前微笑，一旦回到家里，就谁也不理谁，自己做自己的，一句话都不说，夫妻俩完全陷入冷战状态。

随着夫妻隔阂越来越深，郁达夫也报复式地“重犯老毛病”。1939 年 3 月的一天，王映霞在为郁达夫收拾书房时，看到桌面上有一本香港版的《大风旬刊》，无意间翻开目录，“郁达夫：《毁家诗纪》”刺入视线，她翻进内页，迅速阅读完后，羞愧难当地痛哭起来。

《毁家诗纪》的发表绝非无意，而是郁达夫主动献出的。他刚到新加坡不久，香港《大风旬刊》的编辑陆丹林来信向他约稿，郁达夫就将近年来写的二十首旧体诗（诗十九首，词一首）集成一组《毁家诗纪》，每首后都自写一则纪事，毫不保留地暴露了在武汉发生的家庭矛盾的内幕。尽管正如陆丹林后来说的“这些本事注，多有不尽不实的地方”，但是《毁家诗纪》一经发表，轰动海内外，以致当季的《大风旬刊》再版四次，以后的上海《古今》半月刊、《永安》月刊等都加以转载，日本刊行的《日本评论》也于 1940 年译载。

郁达夫写《毁家诗纪》源于他对许绍棣嫉恨交加，之所以要发表出来，那是敏感的他依旧怀疑，王映霞的冷淡肯定是她的心还没回到他身上。她与许绍棣的私情，尽管王映霞死不承认，可郁达夫深信不疑。特别是王映霞带郁飞来到福州团聚之后，他看到她终日魂不守舍，待他冷淡。来到新加坡后，她总闹着要回国去找孩子和母亲，想必是想回去和老情人约会吧，所以才把母亲和孩子滞留在国内。

为了报复王映霞的移情别恋，为了平息他心里的怒火，他决定将丑事曝光，提醒王映霞。可是，郁达夫始终不了解自己的爱人，声誉、颜面是王映霞不可侵犯的底线，她怎能容忍他再一次将她的名声撕碎？当年郁达夫将两人的恋爱经过以《日记九种》公布天下，才二十岁的她就又难堪又失望，几欲要死去，如今郁达夫再自曝家丑，王映霞不愿再沉默，哪怕两败俱伤，也要捍卫自己的声誉。

为还自己的清白，王映霞提笔给陆丹林写信，将十二年来的对郁达夫的抱怨和失望全部呈现于纸上。郁达夫晚上回到家，夫妻俩如往常一样大吵，王映霞立刻提出离婚，不管郁达夫如何劝，她都听不进，将自己关在房间里，又继续给陆丹林写信，将那些被《毁家诗纪》扭曲的事实全部解释清楚。

事后，《大风旬刊》就以不掩盖的态度，将两封信编辑成《一封长信的开始》、《请看事实》发表出来，结果和《毁家诗纪》一样引起轰动，这场家庭纠纷变成了公开的唇枪舌剑。

两人关系公开破裂后，许多朋友都纷纷来劝阻，希望他们冷静下来，停止互相残杀。更有人指责陆丹林“不顾情意，煽风点火”，声讨《大风旬刊》没有道德，为销量不择手段。尽管陆丹林后来分别给郁达夫和王映霞写了道歉信，还是不能起到挽救的作用，夫妻感情完全破裂。

王映霞不愿再与郁达夫一起生活，提出无条件离婚。

郁达夫对此保持沉默，内心还抱着侥幸心理，希望时间能平息她的愤怒，她能回心转意。过了一段时间，王映霞又第二次提出离婚，见郁达夫没任何动静，她就搬了出去，决心与郁达夫分居，独自到离新加坡八十海里的廖内去住下来，在她的一个同学办的学校里教书。

就算如此，郁达夫还在天真地等着王映霞能自己回家。半年过去了，王映霞第三次提出离婚，态度依旧坚决，她说：“我没有任何条件，也不要你的什么东西，只望你能将护照还给我，让我一个人回国就行。”

事情至此，已无力回天，郁达夫也跟着绝望了。1940年3月，由关楚璞作证，郁达夫和王映霞在协议离婚书上签字，他们长达十二年的夫妻关系就此终结。1940年5月31日，香港《星岛日报》登出了《郁达夫启事》：

> 达夫与王映霞女士已于本年三月脱离关系，嗣后王女士之生活行动，完全与达夫无涉，诸亲友处恕不一一函告。谨此启事。

王映霞也托友人在《星岛日报》、《中央日报》、《东南日报》上登出《王映霞离婚启事》，其内容不忘说明原因，维护自己的声誉：

> 郁达夫年来思想行动，浪漫腐化，不堪同居。业已在星洲无条件协议离婚，脱离夫妻关系。儿子三人，统归郁君教养，此后生活行动，各不相涉，除各执有协议离婚书外，特此奉告海内外诸亲友，恕不一一。

其实，就孩子抚养问题，王映霞曾与郁达夫商量，离婚后由她抚养三个孩子，算是两人之间维系一丝关系的纽带，但需要他缴抚养费。可郁达夫一口回绝了，在商议的过程中激动起来，认为她就是爱钱，想要的只有钱。纯粹直率的郁达夫并不理解王映霞的这份苦心，他要的只有爱情，假如没有爱，那么他宁可永不相见，也不要这形式上的维系。可是，王映霞并不理解他的这种率真，伤心极了，她在回忆中说："我和他中间的最后一个根，也被他拔去了。"

王映霞回国那天，郁达夫躲在报社里上班，不愿见她。王映霞只带走自己换洗的衣物，临行前留下长信一封，全文没有恨，尽是叮嘱和怜爱，还有对儿子抚养问题的不满："三个儿子，既坚决说须由你教养，我亦不想硬来夺走，但希望你要把他们教养得像个'人'的样子……"

王映霞走后，郁达夫痛苦万分，那天晚上他不肯回家，不愿面对空荡荡的房子和她离去的事实。下班后，他独自来到南天酒楼，开了他们当年初到新加坡时住的房间，买来酒，一边喝一边写诗，疯疯癫癫地念着："愁听灯前儿辈语，阿娘真个几时归？"心里阵阵痛楚，悔恨交加，在自己发出的苍老冷笑中醉倒在地。

郁达夫是爱王映霞的，就算这两年的生活中风波不断，吵吵闹闹，每一次她要走，他都尽可能地挽回。只是这两个人，性格上有太多的不相融，一个不肯忍让，一个死不悔改，在生活的磨难中一步步地走到不可逆转的深渊，最后只好带着无尽的遗憾和伤痛纷飞天涯，这对才子佳人曾经轰轰烈烈的爱情传奇，就此画上了永远的句号。

第四辑　郁达夫小传

孤寂自闭的成长

郁达夫的老家富阳，位于“一川如画”的富春江边，是一座自秦朝就建县的文化古城。这里东距杭州八十余里，西离桐庐不过百里，土地肥沃，物产丰富，自古就是人杰地灵之美地。

郁家是富阳当地的书香世家，代代出仕，可惜太平天国以后就开始衰落了。到了 1896 年，也就是甲午战争爆发的第三年，郁达夫出生时，郁家落魄得仅剩一座三开间的旧式小楼和六亩薄田。而他的父亲郁企曾，这个既当过塾师和中医，又曾做过县衙文房司书和税务员的才子，在郁达夫三岁那年，被生活的负重折磨得恶病缠身，才三十八岁就离开人世。

父亲逝世后，家庭的重担由母亲扛起，她整天为收地租、碾米等事外出，对郁达夫的照看甚少。随着大哥郁华（字曼陀）、二哥郁浩（字养吾）去了学堂，姐姐郁凤被送去当童养媳后，再无人关心郁达夫的饮食起居，他就像放养的羊羔，自生自灭，整天面对的只有空荡荡的房子和祖母死气沉沉的念经声。

在这样的境况中成长，郁达夫“所经验到的最初的感觉，便是饥饿”。由此形成他孤僻、自卑，感情丰富且脆弱无比的性格。寂寞的童年，幸好有翠花和阿千两个同龄孩子做伴，他没事就和翠花去花坛台阶上看大缸里的金鱼，实在闷得慌就跑到富春江上看风景。阿千还带他去爬山，在打柴时不忘给他带来刺莓、映山红等野果。当他不慎落水后，醒来得到了翠花的关心和拥抱。这些不但给郁达夫灰白色的童年投下了微亮的光，还促使他变得早慧敏感，过早深入地学会去感悟世间的冷暖悲欢。

尽管家穷，书还是必须读的，郁母不曾忘记宗族的祖训，于1903年春天，将郁达夫送入魁星阁私塾读书。在这里，郁达夫读完了《三字经》、《千字文》等启蒙读物。1907年，春江书院改成“富阳县立高等小学堂”，郁达夫幸运地成为新式学堂的第一批学生，是全校学生年龄最小的一位。可谁也没想到，他在年底的考试中平均成绩却名列前茅。老师看他天资聪颖，学习刻苦，尤其文学才华初露端倪，就批准他跳过一级，这在当地引起轰动，引来方圆百里的乡亲竞相观看。

早在私塾里接触到古典文学作品时，郁达夫就表现出极浓的兴趣，很早就尝试写旧体诗，九岁就展示出惊人的才华。由于学堂的教学方式较自由，学业轻松，郁达夫在完成学习任务的同时，还系统阅读了《史记》、《三国志》及唐宋古诗文，也看了《石头记》这样的奇书。小学毕业时，学校奖给他一部《吴梅村诗集》，被郁达夫视作学习写旧体诗的工具书。

随着身体、心智快速成长，外加班上一些年纪大的学生在谈论和追逐异性，使得他朦胧的性意识觉醒，长期被孤独压抑的情感世界春波荡漾，并找到了排解寂寞、寄托灵魂的支点，那就是爱情的体验。

她是来自附近赵家的闺秀，与郁达夫同龄同辈，彼此熟识。由于她举止大方，衣饰讲究，正值豆蔻年华，自然成了街坊邻居竞相谈论的对象。每当遇到赵家小姐，见她对自己微笑着点头问好，正值青春期的郁达夫就面红耳赤，心跳加快，觉得她那白皮肤，瓜子脸是多么美。后来，在一名同学的帮助下，他与赵家小姐有了正面接触，两人往来日益频繁。

在去杭州考中学的前一夜，在学堂举办的送别毕业生的酒宴上喝得脸颊绯红的郁达夫，趁着酒性来到赵家，推门后只见赵家小姐正独自在灯下练字，银色的月光将美人衬托得玲珑剔透，使他的心头涌起一股热浪。郁达夫大胆地将灯吹灭，把赵小姐吓了一跳，借着窗户映入的月光看到是他，这才镇定下来，娇羞着不说话。郁达夫走过去捏住她的手，两人轻声谈笑，幸福无限，直到传来母亲和女佣进门的声音，赵小姐才赶紧将油灯点亮，郁达夫从侧门溜走，一对小鸳鸯就此被打散了。

这次离别前的幽会，给郁达夫敏感阴郁的心灵带来一种水样的春愁，同样也增加了他在外求学时的思乡情绪。在杭州投考中学堂的那几天，十四岁的郁达夫被西湖的秀丽景色吸引，和同行的几名同学以及正在杭州陆军小学堂读书的二哥一起，终日游山玩水，把带来的钱花了不少。等到发榜日，虽看到自己榜上有名，却因缴不起膳食费而只好在旅馆里发愁。最后几名考不上的同学决定去投考嘉兴府中学堂，郁达夫看上那里收费更低，于是欣然随去，一年后才转入杭州府中学堂继续学习。

也许是身为插班生的缘故，或者是因家境、思乡等种种原因，郁达夫总是独来独往，不爱交际。却因写得一手好文章，经常得到国文老师的赞美，总被拿来与一名戴金丝边眼镜的同学并列，那就是日后著名的现代诗人徐志摩。

中学时代的徐志摩总爱高声笑，跳来跳去，十分快乐的样子，而郁达夫是一个沉默忧郁的独行侠，他将生活的乐趣寄托在阅读里，一旦节省下余钱就到梅花碑一带的旧书摊去买书。读了《花月痕》之类的才子佳人小说后，郁达夫萌生了强烈的创作欲望，他还努力钻研《白香词谱》，提升旧体诗的创作技法。后来，他投稿给《全浙公报》的一首仿宋五言古诗获得发表，不仅获得自我的肯定，更加激发了他的创作热情。每天除了读书就是写作，作品源源不断地在《之江日报》，还有上海的《神州日报》上出现，让他大有“想大叫起来”的快感。

1910 年 9 月，郁达夫转进之江大学预科班，不久因卷入学校风潮而被校方开除。紧接着，浸礼会办的蕙兰中学将几个学潮骨干当作“义士”吸收了去，郁达夫在蕙兰中学读了三个月，对中学非常失望，连带是对中国学校的教育失望。他决定回家自修，十分自信地认为，家里有不少祖传典籍，足够自己研读两三年的了，凭着现有的学力，自学英语应该没问题，可能还比待在学校里进步更快。

从 1911 年春至 1913 年秋，郁达夫过上了离群索居的自学生活。这短短的两年时间里，郁达夫打下了扎实的英文基础，还饱读《资治通鉴》、《唐宋诗醇》等著作。武昌起义爆发，辛亥革命胜利后，富阳家家户户挂起了五色国旗。此时的郁达夫并非两耳不闻窗外事，他时刻关心着社会政局的发展，当听闻袁世凯要称帝复辟时，他深感幻灭，除了闷在小楼里苦读别无他法。直到大哥郁曼陀为新落成的北洋政府改订司法制度而被派往日本调查，郁达夫提出要跟着去留学，得到应允，才从此掀开了他新的人生旅程。

留学日本的青年时代

1913 年 9 月下旬的一个早上，虚岁十八的郁达夫穿上一件半新旧的夹衣，带上几本线装旧书，随兄嫂一同离开家乡。他们先到上海，为购买船票和应酬逗留几日后，最终登上去往日本的邮船。此次离乡，他没了十四岁在杭州求学时的乡愁情绪，反而有“饱吸了几天天空海阔的自由的空气”的兴奋。在日本的长崎登岸后，接着先后经过濑户、神户、大阪、京都、名古屋等城市且玩且行地走了一圈，直到 10 月底才抵达东京，在小石川区租房住了下来。

当年 11 月，郁达夫进入神田的正规学校补习中学功课。渐渐地，他发觉生活上有诸多不便，再加上语言不通，大哥对他管教严厉，生活枯燥到除了学习还是学习，当初的兴奋劲被消磨殆尽，他“方才感到离家去国之悲，发生了不可遏止的怀乡之病”。于是他写下了“闻道江南未息兵，家山西望最关情。几回归梦遥难到，才渡重洋已五更”的诗句，抒发他的思国思乡之情。

当时中国政府和日本教育局曾签有五校官费的协议，但凡考上东京第一高等学校、东京高等师范学校、东京高等工业学校、千叶医学专门学校、山口高等商业学校的中国留学生，都能享受政府官费支持。而且，东京第一高等学校还为中国留学生设立一年预备班，留学生只要考上预科，政府将补贴每月的衣食住行，一直到大学毕业为止。

为了争取经济独立，摆脱依赖兄嫂引来的生活不便以及精神上的苦闷，郁达夫发奋读书，决心考取官费，“竟会到了附近炮兵工厂的汽笛，早晨放五点钟的夜工时，还没有入睡”。最终郁达夫如愿于 1914 年考入东京第一高等学校预科。后由于郁曼陀劝告他学医较有出路，郁达夫只好由第一部的文哲经政科转入第三部的医科，与郭沫若做了同班同学。一年后，郁达夫以第三部名列第四的好成绩，被发至名古屋的第八高等学校学习，告别了他居住近两年的东京。

郁达夫是带着极不情愿的心情去名古屋的。后来他如此回忆道：“离开东京，上日本西部的那个商业都会名古屋去进第八高等学校的时候，心里充满了无限的悲凉与无限诅咒。”名古屋第八高等学校位于离市中心有十里远的东郊乡下，全校只有十五名留学生，郁达夫进入八高学的仍是医学，班上仅有他一个中国人。

这样的环境，更增加郁达夫内心的苍凉感，外加当时的日本盛行武士道精神，到处充斥着狭隘的民族主义，对中国尤其歧视。他终日心情抑郁，不久就患上了精神衰弱症，导致期末考试时，七门功课只考了三门，寒假期间不得不搬进环境幽静的梅林养病。

在梅林休养期间是郁达夫读书的好时光。其实，在第一高等学校读预科时，郁达夫就开始接触西洋文学。“这一年的功课虽然紧，但我在课余之暇，也居然读了两本俄国杜儿葛纳夫的英译小说，一本是《初恋》，一本是《春潮》。”他非常喜欢读欧美文学书，小说尤甚，而且涉猎广泛。日后他的同学刘海粟如此回忆道：“达夫亲口告诉我：‘我在日本看过将近千册英文、德文、日文小说。’他的阅读能力在我们的同时代人中属于罕见，一晚上看一两本小说在谦谨温和的达夫，是常有的事。”

郁达夫开始尝试写小说，《金丝雀》就是在这期间写成，可惜原稿已散佚，只保存下小说中的五首旧体诗。在班上，郁达夫的汉诗常常能惊艳四座，就连老师都为此钦佩。留日四年，郁达夫创作了两百多首诗，作品频频发表于《新爱知新闻》等媒体上，引来著名诗人服部担风的高度评价，他认为“风骚勿主年犹少，仙佛才兼古亦稀，达夫有焉”，郁达夫的名声在当地的汉诗界鹊起。

1916 年 5 月的一天，郁达夫前往爱知县拜访服部担风。源于郁曼陀当年留学日本的渊源，德高望重的担风对郁达夫一见如故，他们谈话愉快，成了忘年交。此后郁达夫多次拜访担风，还参加了他主持的“佩兰吟社”的定期集会。

寒假过后回八高继续读医科，郁达夫发觉自己真的不喜欢学医，他的同学钱潮在回忆里这样说他：“不大去上课，经常喝酒作诗，每到星期天，更是独自一人到郊外漫游，流连忘返，或者到公园里，高声吟诵中外诗歌和自己的诗作。”在国内的郁曼陀来信痛斥他这放任不羁的行为，两人发生了一次争吵后，郁达夫赌气似的放弃学医，擅自改学文科，从头读起，因此延长了他在名古屋学习的时间，由三年变成了四年。

学文科，对于郁达夫来说简直是如鱼得水，不费吹灰之力他就能轻松完成学业。如他自己所说的：“学校功课很宽，每天于读小说之暇，大半就在咖啡馆找女孩子喝酒。”郁达夫对日本少女素有好感，对她们肥硕的身体，洁白滑腻的皮肤尤为赞扬，而且日本女性性格开朗，喜爱自由，容易接近。日本在两性问题上，不像中国那么禁锢多多，明治维新后，性感女优的妖艳照片广泛流传，淑女名媛的艳闻随处可见。

正值青年的郁达夫在日本追求过好几名少女，邂逅自己所住公寓的老板的女儿后藤隆子后，他动了真情，还写下“我意怜君君不识，满襟红泪奈卿何”的诗句相赠。然而，当隆子得知他是“支那人”后不再与他往来，这段爱情最终因种族歧视而给他留下了忧伤的记忆。

恋爱屡屡挫败给心性敏感脆弱的郁达夫带来了极大的心灵创伤，更加重了他的性苦闷。他常到酒馆借酒消愁，也曾尝试通过看书转移情绪，使自己振作起来，可是苦闷感却日积月累到无法抑制的地步。在一个雪花飞舞的午后，他踏上了去往东京的列车，希望这场旅行能减轻些许寂寞的痛苦。夜半时分，列车在东京郊外的一个小站停靠，一路喝得有几分醉意的郁达夫却擅自下车，鬼使神差地走出月台，跳上一辆人力车，用头巾掩住脸，大声吆喝道：“去妓院！”

在妓院与一个“肥白高壮的花魁买妇”有过一次百感交集的性发泄后，妓院成了郁达夫排遣苦闷的好去处。但每次事后他都很后悔，自怨自艾：“太不值得了！我的理想，我的远志，我对国家所抱负的希望，现在还有什么？”

1917年暑假，郁达夫奉命从日本返回富阳老家，意在与比他小一岁的孙荃订婚。尽管他对这种父母包办的旧式婚姻不满，但还是被知书达理、略通音律的女子打动了。有了不少书信往来后，他将情感的苦闷寄托在她身上，试图振作，慢慢地竟产生了依恋之情。回日本前夕，他依依惜别，写下了“一纸家书抵万金，少陵此语感人深。天边鸿雁池中鲤，切莫临风惜尔音”等七首诗，赠予孙荃。此后，尽管分居两地，但远在日本的郁达夫将未婚妻当成了倾诉苦闷的好对象。

1919年7月，郁达夫从名古屋第八高等学校毕业，接着升入东京帝国大学经济学部。这一年9月，他接受大哥的建议，回国参加外交官和高等文官考试，结果名落孙山，这让一贯自视清高的郁达夫深受打击。10月19日，他再次参加文官考试，未被录取，这让他悲愤交加，决定再回日本复学，心情晦暗至连给未婚妻回信都懒得动手。可孙荃一如既往地给他理解与安慰，最终水到渠成，郁达夫于 1920 年从日本返回富阳老家与孙荃完婚。

新婚日子里，二人相处融洽，彼此沉浸在探索夫妻生活的好奇和快乐之中。但是，随着郁达夫回国谋生无门，生活落魄，心灵饱受理想失落、怀才不遇的苦闷情绪摧残，导致他开始质疑这桩婚姻，对两人的情感一概否定。

波折不断的《创造》之路

1922 年 7 月，郁达夫得到了东京帝国大学的学士学位，他打算结束长达十年的留学生活，回国打拼一番事业。他从东京乘船回上海，在哈同路民厚南里的泰东书局的新址与郭沫若会合，共同主持《创造》季刊的开办工作。

早在东京“一高”读预科时，郁达夫和几个志同道合的朋友就有成立文学社团的想法，打算出一种纯粹的文学杂志。自 1920 年春天，在郁达夫寓所召开“橘子会”后又相续开了几次会议，最终具体商定组社和出版杂志的问题，将刊物名称定为“创造”，暂且以季刊形式出版。1921 年 7 月初，身受重托的郭沫若离开日本，在上海筹划出版《创造》季刊的各项事宜。两个月过去，不但没理出个头绪，反而被十里洋场的浮躁弄得疲惫不堪。郭沫若自觉无力主持工作，决心回日本复学，按期拿到文凭后再说，也好将来找工作有保障。

郭沫若走后，郁达夫从日本赶来，不仅独自承担季刊的编辑、改稿、校对等工作，还负责实施“创造丛书”出版事宜的诸多烦琐工作，前后才半个月的时间，上海《时事新报》就刊登出《创造》季刊的出版预告。几经周转后，《创造》季刊创刊号终于在 1922 年 5 月 1 日出版问世。

对郁达夫的才干，郭沫若佩服至极，在来信中赞赏有加。而郁达夫的第一部小说集《沉沦》自 1921 年由泰东书局出版单行本后，在国内文坛激起强烈的震动，不久就售出三万多册，甚至有苏州、无锡的人专程来上海购书。郁达夫因此一举成名，成为文坛上一颗备受瞩目的星星，引来各界众说纷纭。

可是，郁达夫得到更多的不是赞美，而是负面抨击。由于《沉沦》有大量对个人欲望、忧郁、苦闷的剖析，以及毫不掩饰的性描写和变态性心理的袒露，引来一些封建卫道士不断谩骂，指责这部小说问世是大逆不道，说郁达夫是颓废派的“肉欲描写者”。在这般毁誉交加的情况之下，郁达夫异常失落苦闷。幸好书出版半年后，周作人以“仲密”为笔名发表了一篇文章，站出来公开为《沉沦》辩护，让他心存感激。后来，在 1928 年出版的《郁达夫代表作》的扉页上，郁达夫写了这样一段题词：“此书是献给周作人先生的，因为他是对我的幼稚的作品表示好意的中国第一个批评家。”

结束十年留日生涯的郁达夫一回到上海，就深陷于创造社与文学研究会的论战中，这源于他执笔的《创造》季刊创刊号的出版预告中，有尖锐语言攻击文学研究会，指责他们垄断文坛，扼杀新兴文艺。结果遭到文学研究会的大规模强烈反击，首先上阵的是沈雁冰，他发表在《文学旬刊》的《“创造”给我的印象》一文中，对《创造》季刊的作品逐篇加以评论，断定它们“不能竟说可以与世界不朽作品比肩”，所以“与其多批评别人，不如自己多努力”。

郁达夫为自己挑起的论战隐隐不安，就在双方论战最激烈时，他极力消除双方的敌对情绪，主动与郑振铎联系，并接近朱自清、许地山等文学研究会的成员，尽力要做好使双方和好的工作。

1922 年，郭沫若的新诗集《女神》举行诞生一周年纪念会，郁达夫经过反复思考，决定邀请在上海的文学研究会成员一同来参加，借此消解双方的隔阂。郭沫若也赞成这个想法，于是郁达夫就拉他去找郑振铎。在郑振铎的暗中帮助下，这两派争吵了数月之久的作家们在一品香饭店相聚，最终在饭桌上举杯畅饮，一笑泯恩仇。

尽管这场聚会有促进双方了解的作用，但是，某些文学研究会的成员在席间的一些不太配合的言辞举动，让郁达夫不太满意，尤其沈雁冰说话时的讽刺语气，更是让他很不舒服。再加上沈雁冰此后不久发表在《小说月报》上的《自然主义与中国现代小说》，更让他的不快之感剧增。在不满情绪的作用下，郁达夫写下了《血泪》，目的是讽刺郑振铎他们提出的“血泪文学”。由于不见文学研究会再有反击，郁达夫才平息了内心的气焰，双方的文字论战就此结束。但是，另一场与郁达夫有关的笔墨战又展开，因他发表在 1922 年 8 月《创造》季刊第二期的《夕阳楼日记》激怒了北大教授胡适。

其实，早在 1919 年秋天，郁达夫回国参加外交官考试逗留北京期间，曾给炙手可热的新文化运动领袖胡适写过一封求见信，结果音信全无，再加上考试落榜，促使满腔热情的郁达夫因失望过度而转生恨意。

就在胡适跟着他的老师杜威，在国内四处宣讲他们的实验主义理论之时，郁达夫却以一针见血的笔调假借批评余家菊翻译的《人生之意义与价值》的错漏，批评国内文艺界的一些不良现象，首当中伤的就是自美国归来后被誉为思想界权威的胡适。

《夕阳楼日记》发表不到二十天，胡适主办的《努力周报》上就出现了一篇《编辑余谈·骂人》，表面是为余家菊辩护，其实是对郁达夫进行反击，不但将他的作品全盘否定，还骂他“浅薄无聊而不自觉”。

这时候的郁达夫正在安庆教书，他迫于生活拮据，乡下的妻子与母亲关系不和，只好再回一年前执教过的政法专门学校。此次再去安庆，郁达夫的境况与以往不同，有妻子随行，不能像一年前那样生活放浪。

如今家庭开支繁重，郁达夫将教书之余的时间都用在创作上，写下了独幕剧《孤独的悲哀》、中篇小说《夜茫茫》、长篇小说《春潮》的开头几章等，没想到却成了学校里卫道士和守旧派攻击他的把柄，说他是“最有名的黄色作家，一本《沉沦》毒害了多少纯洁少年”。可就连胡适这样的文化导师，竟然也会如此“口不留人”，让敏感脆弱的郁达夫委屈难当。

在社会上受尽排挤和责骂的郁达夫，只好将内心的不满和苦闷回家向妻子孙荃发泄，起先是几天一次，后来恶化成一天一次或者一天几次。郁达夫一旦激动起来，就对妻子辱骂，殴打。骂完后，看到已经有身孕的妻子可怜巴巴地跪在地上，自觉心疼，便上前安慰、爱抚、道歉，说明自己发脾气的原因，请求妻子原谅，然后夫妻俩抱头痛哭。

在创造社同人的鼓励下，他写了《答胡适之先生》的公开信，很快就收到了胡适《浅薄无聊的创作》的回敬。最终，胡适的作态激怒了整个创造社的成员，郭沫若等人纷纷写文为郁达夫辩护。严酷的精神重压让郁达夫创作出了著名的历史小说《采石矶》，一下击中了胡适的软肋，也击醒了这位文化导师。为守护自己的声誉，胡适主动道歉，以“我很诚恳地希望你们宽恕我那句‘不通英文’的话”的诚意，希望结束这场无聊的论战。

郁达夫接受了胡适的诚意，也写了一封语气平和的回复信，双方就此和解，但他的好日子远没有到来。因为长期精神紧张，营养不良，孙荃肚子里的孩子还未足月就出生了。郁达夫对于这个长子还是寄予了厚望，取名龙儿。但是，孩子的到来让日子愈发艰难，靠教书难以维生，郁达夫打算另谋差事，辞掉教职工作，托哥哥在银行谋个差事。没想到那个银行因政治问题办不起来。这时的郁达夫百般无奈，只好闲居安庆，终日借酒消愁，喝醉了就大骂妻子是他的脚镣，儿子的出生是一个悲剧，天天要赶他们回富阳去。最后，自责的妻子在一天晚上偷偷跑出去投江，幸好被人救起，因受凉发烧住进了医院，这才让郁达夫对自己对妻儿的行为有了反省。

等妻子病好后，郁达夫离开了安庆，打算全家回富阳老家隐居。他们转道上海，与郭沫若、成仿吾等创造社的成员见面，朋友们得知他的想法，纷纷劝阻，动摇了郁达夫归隐的心。贤惠的妻子看出丈夫的心思，体谅他的难处，于是主动提出带儿子回老家，留他在上海与同人们经营创造社。

当年的三巨头会师上海，给创造社带来了新活力，郁达夫也摩拳擦掌，打算改换头面，创造出一番新天地。

首先他们在上海招兵买马，三人联合起草《创造社启事》。一经在《创造》季刊第一卷第四期刊登后，获得响应者颇多，楼适夷、叶宗泰等文学青年慕名而来，给创造社增添了新活力。

随着队伍的扩大，郁达夫他们又在《创造》季刊创刊一周年之际，增办周刊。1923 年 5 月 13 日，《创造周报》第一号创刊发行，获得文学青年们的热烈响应，很快就风靡全国，创造社声名鹊起。随后《中华新报》打算与创造社合作，经过多方磋商，名为《创造日》的日刊诞生，每天在《中华新报》上刊出。

就在创造社的社会声誉如日中天之时，郁达夫的创作力变得十分旺盛，但是他依旧苦闷，主要原因是生活依旧贫困。1923年8月，郁达夫接到北京大学聘请他担任统计学讲师的电报，彻底摧毁了他的坚持力，他决定到北京去。尽管创造社的郭沫若和成仿吾都反对，他还是乘船北上，在海行途中不断地给他们写信，希望获得理解。他说："沫若呀，仿吾，成均，我老实对你们说，自从你们下船上岸之后，我一直到了现在，方想起你们三人的孤凄的影子来。啊啊，我们本是反叛时代而生者，吃苦原是前生注定的。我此番北行，你们不要以为我是为寻快乐而去，我的前途风波正多得很哩。"

事实正如郁达夫所预料的那样，在北京的日子并不好到哪里去。最初，他是满怀希望去的。初到京城，多少有点当年去日本留学时的兴奋，他换了件新夹衣，剃掉数月来积下的长发和胡须，努力振作，希望能开始一种崭新的生活。特别是与鲁迅做了同事，在最初的一段日子里，确实让他有种充实快乐的惬意。在此间，他还援助过向他发来求助信的正在北京落难的沈从文。

因郁达夫离开了上海，创造社很快陷入困局，之前由他一手缔造的《创造日》于1923年11月2日停刊。接着波及其他创造社出版的刊物，就连他们的创刊号《创造》季刊也危在旦夕，苦撑一年后也以停刊告终。这下，曾辉煌一时的创造社仅剩下一份《创造周报》了。为保住这最后的阵地，郭沫若只好给郁达夫写信，告诉他"周报我只想坚持一年，出满五十二号后我不愿再在上海鬼混了"。由于生活所迫，郭沫若让妻子带三个孩子回日本，并做好“折返日本，向生理研究室中作一辈子的土龙”的决定。到了1924年的4月，郭沫若登上了去往日本的客船，创造社只留成仿吾独自经营。

为此，郁达夫于当年5月回上海，他本想与成仿吾商量结束《创造周报》的事，没想到北京的太平洋社又提出与创造社合办一份周报的意见，他们欣然同意，并在报纸上发布了告示。就这样，成仿吾去广东大学当教授，郁达夫回了北京。他们只于1924年12月13日在北京创刊的《现代评论》上发文章。后来因发觉被利用，创造社的全体成员愤然离去，轰轰烈烈的创造社顿时化作乌有，停止了一切活动。

这时的郁达夫苦闷非常。由于在北京大学教的统计学不是自己喜欢的内容，他对教书毫无兴趣，每周几小时的课对他来说简直就是煎熬。再加上创造社的衰落，更使得他内心空虚寂寞，于是他总用摔镜子、剪烂衣服等行为来排解苦闷，或者是去逛花柳胡同，经常去拜访一个名为银弟的妓女，尽管没钱，也东挪西凑地在她身上花了好几百元。

颓唐的生活几乎占据了郁达夫在北京的大部分时光，他自暴自弃，不许朋友在他面前谈论文学，更不许提他的作品和创作，否则那些好不容易压抑住的烦闷就会爆发。1925年，郁达夫以“逃”的姿态离开了北京，在武汉武昌师范大学担任文科教授。

来到武昌师大，郁达夫总算嗅到了一些新鲜空气，由于教授的“小说”、“戏剧”、“文学理论”三门课程都与兴趣相符，他不但能轻松应对，还激发了创作热情。此间根据自己的讲义整理出了《小说论》、《戏剧论》、《文学概说》三本文艺论著作。可是，郁达夫却不满武昌师大新旧两派的势力斗争，陷入了险恶涡流中，难以摆脱旧势力的攻击和纠缠，大大消减了他起初旺盛的创作力，整整一年下来，他只写成《寒宵》、《街灯》两篇质量平平的小说和散文。最终他在武昌师大内部矛盾最尖锐之时，因无法忍受攻击，愤然辞职，乘船下上海，与郭沫若他们会师，打算重振创造社。可刚到上海不久，他因劳累而肺病复发，只好去杭州的疗养院养病，次年 2 月才病愈回到上海。

重回上海的郁达夫是踌躇满志的，他不仅恢复了健康，创造社的创建工作也基本完成，他们新打造的《创造月刊》也于当年的 3 月 16 日出版。为迎接社会革命潮流，他们去到了革命大本营广州，一边在广东大学执教，一边运作创造社。随着郑伯奇等创造社的骨干纷纷找来，他们决定成立广州分部，由郁达夫负责日常工作。此后，一边执教一边运营广州分社就成了他每天主要忙碌的事情。

可是，就在他刚在广州稳定下来时，北京传来龙儿病危的消息。等他赶到北京，这曾被他比喻作“悲剧的出生”的孩子因患脑膜炎已夭折多日，连葬礼都来不及参加，仅留下几堆烧纸钱的痕迹和难以磨灭的回忆。

在北京度过了一个悲伤的暑假后，在学校和创造社成员的催促中，郁达夫只好继续独自南下。而这时的广州，因国内政治形势的变动，气氛变得极为紧张，到处戒严，国民党右派分子控制时局，就连教育和大学也在他们严控之下。

不管是学校里的事，还是创造社的事，都让敏感的郁达夫提早感到革命的幻灭，导致他对现实愈加不满。就在这时，成仿吾来找他商量创造社账务整顿之事，最终他被推荐为总务理事，主编《创造月刊》和《洪水》半月刊。然而，好景不长，就在他刚将刊物经营得风生水起之时，因以笔名“日归”在《洪水》半月刊上发表的《广州事情》揭露了广州革命政府的腐败现象，在社会上产生了极大的影响，也引来了革命政府的威胁、恐吓，甚至在报刊上发文章攻击谩骂郁达夫。

深受牵连的当属创造社，社员们责怪郁达夫，并将此间创造社遇到问题的根源都推到他身上。眼看十多年的老朋友们一个个拔剑相向，他黯然而去，于 1927 年 8 月 15 日在上海的《申报》和《民国日报》同时登出《郁达夫启事》，以此向付出了巨大心血的创造社诀别。尽管选择以退步来弥补此事，但是，《广州事情》引来的麻烦，终是他日后与郭沫若反目的一个重要原因，也是导致他人生路上出现一个十分重要转折的原因。

风雨佳人痛心扉

在郁达夫的人生历程中，1927 年的苦闷不再是空穴来风，不过，因赢得佳人王映霞的芳心，那些苦闷都因得到了抚慰，最终化作了郁达夫逆境重生的动力，也使他走上了另一条道路。

1927 年 1 月上旬的一天，郁达夫在上海四川北路的内山书店买书时，遇到了多年不见的也曾在日本留学的浙江桐乡的孙百刚，两人分外高兴。一周后，郁达夫拜访孙百刚在上海尚贤坊四十号避难的寓所，见过了孙太太和一位年轻貌美的小姐——王映霞。

王映霞是孙百刚的父亲的好朋友——杭州名士王二南的孙女。她是名门闺秀，聪慧过人，不仅在外祖父开的蒙馆读《三字经》，还在 1923 年考入浙江女子师范学校。在随孙百刚来上海避难之前，她曾是一位教师。书卷气质配上绝色美貌，年方十九岁的王映霞瞬间让郁达夫神魂颠倒。当天就在日记中写道："遇见了杭州的王映霞女士，我的心又被她搅乱了。"

日后，郁达夫以自己的方式，对王映霞展开了猛烈的追求。尽管孙百刚出面阻止，觉得他们俩不合适，并提醒他是个年已三十的有妇之夫，别忘了远在北京的孙荃和儿女，依旧没能浇灭郁达夫的热情，反而因为这些感情禁忌，使他变得痛苦，不断地在情书里向王映霞倾诉他欲死欲生的心情。

至于王映霞，在孙百刚夫妇的探问之下，她以“我看他可怜”隐瞒了对郁达夫的仰慕之情，最终因伦理方面的问题，她决定逃避，悄悄离开上海回杭州老家去了。见不到王映霞的郁达夫此刻变成了笼中困兽，横冲直撞，由苦恼生出许多偏激的想法，干脆抛下所有，一路追往杭州，但因不知其地址只好原路返回。等王映霞来信告知他自己回杭州时，郁达夫再次看到了希望，又展开猛烈的攻击，一旦王映霞冷落回避，他就会苦闷得不想活。

在郁达夫的追求下，王映霞的心扉慢慢被撬开了，她让孙太太传话，不愿不明不白地与他发展关系，让他赶快把孙荃的事处理清爽了。可是，面对曾与他有过感情、患难与共的孙荃，郁达夫根本下不了狠心。他约王映霞出来畅谈未来，表示要为她联系上海美术专科学校继续深造钢琴，又希望她和他一道去欧洲旅行。在处理孙荃的问题上，他给她写了长长的情书，表明了立场与态度，最终以浓浓的爱意将王映霞说动了。她这样一个读过教会学校，毕业于师范学校的年轻女子，想到结婚后“拖了小孩，袒胸露乳等情形”后，当然不愿做家庭的奴隶，而是选择做郁达夫所说的“自由的女王”。

1927年4月13日，郁达夫在上海招商内河码头跳上了去往杭州的轮船，借避难之由与王映霞相会，其实还有一项重要的任务就是拜见王家人。尽管郁达夫大王映霞十二岁，并已婚有儿女，其家人却因仰慕他的才华，并不做出阻拦。王二南先生还对他十分喜爱，两人谈话投机。他们于1927年6月5日在杭州聚丰园正式订婚，双方主要亲友都到场，七十五岁高龄的王二南先生担当孙女的主婚人，场面热闹非凡。

这场恋爱的成功，救渡了郁达夫的灵魂，成了郁达夫在《鸡肋集》中所说的助力。在王映霞的关怀和鼓励下，郁达夫沉着应对创造社成员对自己的谩骂和攻击，离开创造社时也没想象中的那么难过。并且与来上海定居的鲁迅并肩作战，一起抗击那些反对他们的人，就算与有过十几年深交的郭沫若反目为仇，他也因有王映霞在身边，一切都变得不再水深火热。

1928年1月，相知相恋了一年多的情侣终于喜结连理。他们原计划去东京结婚，事先给那边的朋友发了喜帖，后来又因双方的很多朋友都在上海，考虑到经济负担等问题，就临时改在南京路的东亚饭店请客，场面简朴。而那些在日本的亲友按请帖上的时间到席，却扑了一空。

婚后，郁达夫先在哈同花园的民厚南里租房，不久又搬到赫德路嘉禾里的一间独门独户的房子里去。由于王映霞不懂做家务，郁达夫也放浪惯了，生活依旧拮据。大儿子郁飞出生后，这个仅靠郁达夫版税生活的家庭开始出现经济危机，再加上书局拖欠版税，更让王映霞沉不住气，对郁达夫一些说改却改不掉的嗜好极度看不惯，慢慢地发展到发生口角，不过小吵小闹还不足以伤感情。

1930年3月2日，中国左翼作家联盟宣告成立，郁达夫与鲁迅等人成了“左联”的发起人。但是没过多久，他因不满“左联”的一些理论纲领中“胜利不然就死、诗人应该是预言家”等极端主义和工作方式，退出了这个联盟。可是，“左联”作家被政府逮捕时，郁达夫也在黑名单之内。一得知消息，他就跳上火车往富阳方向逃，未来得及通知家中身孕已快足月的王映霞，过了些日子后才回来，还一副若无其事的样子。这让整天在家为他担心的王映霞十分生气，夫妻大吵一场，还惊动了王家人，祖父王二南专程乘火车来上海调解，郁达夫也写保证书称绝不再犯。可是王映霞觉得郁达夫是个随心所欲惯了的人，对妻子和子女缺乏责任心，并且他是那种嘴上说改，转身又重犯的人，于是她坚持要求管理他的所有版税。

无可奈何的郁达夫只好请来律师徐式昌和北新书局的老板李小峰等人，当众写下一式三份的“版权赠予书”。

这份赠予书给这对“神仙眷侣”的感情带来了无法弥合的裂痕，郁达夫的心里并不愉快。外加当时中国政局混乱，他不但失去了发表文章的阵地，还连续接到了蒋光慈、徐志摩等好友的死讯。郁达夫的寂寞陡增，只好在游山玩水、线装古籍中寻找乐趣了。

1933年1月，随着淞沪战役的爆发，郁达夫又和鲁迅等人，一起加入由蔡元培、宋庆龄等人发起的中国民权保障同盟，为营救被捕同志而四处奔走。在“一·二八”战争的炮声中写下了中篇小说《她是一个弱女子》，却因里面反伦理的描写以及对政府有诋毁倾向，而一再遭到封杀。自己的作品一直被否定，郁达夫为此深感难过，并对当下社会十分失望，于是，当年在安庆就有的隐居的愿望更加强烈起来。外加肺病复发，他决定到杭州去疗养。在宁静而闲适的环境中，郁达夫不但身体健康，而且还写出了《迟桂花》这样杰出的作品来，这让他更加厌倦上海那种孤寂而压抑的生活。

当年4月，郁达夫携带妻儿和一个女佣，冒雨登上了去往杭州的火车，一下火车就直奔好友为他们预先在大学路官场弄里租的房子。家里缺少家具，原本在上海寓所中“塞来塞去总觉得没地方塞”的书桌和旧书，往三间连通的矮厅里一摆，看起来“像煞沧海中间的几颗粟米了”。

在这样简陋的家中住了两个月后，王映霞的第三个孩子——郁亮出生了。原本想在杭州过上清静的日子，没想到，由于郁达夫名气太大，社会各界人士不断来拜访，让夫妇俩应接不暇。王映霞不得不穿起旗袍革履，穿梭于应酬席间，与先生太太们由疏而亲，由亲而密。郁达夫也接到不少公家招待，出去游山玩水，还带王映霞游走了青岛和北京等城市。游记成了他对小说创作灰心之后，又一个写作方向，创作出了《杭江小历纪程》等多篇山水游记，编辑出版成《屐痕处处》、《达夫游记》。小说写得很少，只有《迟暮》、《唯名论者》、《出奔》三篇，《出奔》之后再无小说问世。

1935年5月，他们刚搬到杭州不久就出生的第三个孩子郁亮不幸夭折。这使郁达夫不禁想起了龙儿，更加深觉没有属于自己的房子的不便与烦恼。王映霞早有买房的打算，如今郁达夫也赞同了，她便四处筹措起来。沈太素帮忙解决了地皮问题，郁达夫又从朋友那里筹集到了资金，房屋很快破土动工，历经半年，一座美丽的住宅“风雨茅庐”就在1936年春天竣工了。

建造“风雨茅庐”，不但花掉了郁达夫全部的积蓄，还欠下了四千多元的外债。当时福建省政府主席陈仪要一位既精通外语，又在日本人眼中有一定威望的外交官来处理与日事务，经熟人推荐，觉得郁达夫是一位合适人选，便托人问他的意思。正巧郁达夫为那些债务伤透了脑筋，无稳定职业近十年的他久静思动，饱受家庭所累，早就想过一过单身男人的生活了，而此行不但能每月拿到两百元的薪水补贴家用，还能借机去福建一游。

郁达夫决定远行，就在“风雨茅庐”即将完工之际。缺乏安全感的王映霞对此行疑神疑鬼，怕他挥霍钱财，还弄坏身体。在出发的前几天，夫妻俩一直在争执，王映霞非要送他到上海，亲自把人送上轮船，而郁达夫见妻子如此不信任自己，十分反感，坚决不让她送行。

就这样，郁达夫满怀夫妻间的不愉快，踏上了闽南之路。为了取得妻子的信任，证明自己的心，他每天都坚持写家书寄回去，过了一段时间后，就再也坚持不下去了。原因是他实在很忙，他到福州后，担任福建省政府参议、公报室主任一职，人手少，很多事都要承担。后来郁达夫就引荐杨骚、董秋芳和曾做《申报·自由谈》主编的黎烈文来当编辑，公报室一时间人才济济。

工作上的事情有人分担了。可是，由于榕城十分仰慕郁达夫这位大作家，社会的上层人物、文人纷纷上门拜访，让好客的郁达夫应接不暇，“自午后三点钟起，到半夜十二时止，连洗脸的功夫都没有”。

在福州的岁月里，郁达夫活像个大明星，时常给人写条幅赠字，豪饮之后乘酒兴挥毫，往往一写就是二三十副。他还到处演讲，慕名邀请者越来越多，福建的各大学校他基本都踏遍了。而且当地文人的多数活动他都热情参与，常常在“钟字游戏”上夺魁。

郁达夫去福州的消息一传开，圈内朋友就以为他有出山之意。不久邵洵美就发出邀请，希望他到上海担任《论语》半月刊的主编，盛情难却的郁达夫只好答应做个“挂名编辑”，为杂志做些收稿子的工作。就在 1936 年 10 月 19 日，传来了鲁迅先生逝世的噩耗，作为挚友的郁达夫连夜赶往上海，参加鲁迅的葬礼，悲愤地写下了《怀鲁迅》。

正处抗日前夕的中国失去了鲁迅这样一位文化革命的领头羊后，革命文人们似乎都失去了方向。国民党政府为了激发民众的抗日热情，笼络文人，打算让亡命日本的郭沫若回国。经过筛选，决定让郁达夫担任与郭沫若联系与沟通的工作。1936 年 11 月，郁达夫以为福建省政府购买印刷机的名义前往日本。十年音讯寂寥的两位朋友再次相见，激动得四手紧握，当年的不快也在久别重逢的激动中烟消云散。

郁达夫此行在日本逗留了一个多月，其间还专程拜访郭沫若两次，请他那些营养不良的孩子去东京吃中国菜。然后于 12 月 19 日从神户乘车离开日本，先到台湾出席新民报社举办的文学座谈会，再乘船抵达厦门，一路游览，在鼓浪屿拜访了弘一法师（李叔同），直到 1937 年 1 月 5 日才回到福州。五个月后，在郁达夫的努力下，国民党政府终于取消对郭沫若的通缉，同意他回国。郁达夫接到通知后很高兴，立刻给日本发快信。郭沫若因长期被日本宪兵和警察监视，回国的准备工作只能悄悄进行，在未告知妻子和孩子的情况下，在中国驻日本大使许俊人和一些侨胞的帮助下，秘密乘坐加拿大公司的“皇后号”邮轮，从神户港启程回中国。

郭沫若抵达上海时，郁达夫专程去码头迎接，当晚出钱为他接风洗尘。在后来的十多天里，他们俩不停地出席各种欢迎会。郁达夫乘船回福州的路上，传来了“八一三”战争爆发的消息。由于敌人封锁海面，轮船不得不在舟山附近抛锚躲避。两天后依旧前进无望，只好退回宁波。郁达夫借此上岸，折返杭州，回家看看。与家人小聚数日后再经陆地回闽南。

在抗日呼声高涨的社会局势下，回到福州的郁达夫一改昔日的懒散作态，积极投身到抗日救国的活动中去，以手中的笔为武器，写了《文化界的散兵线》、《九一八六周年的现在》等杂文。

这时，战争给郁达夫的家人造成了很大的伤害。上海沦陷后，杭州告急，王映霞携带她的母亲和三个孩子离开了才住了一年多的“风雨茅庐”，搬到富阳郁达夫的老家去，然后再从富阳撤往金华、丽水一带。临行前，王映霞劝七十二岁高龄的家婆一起走，但老人家不愿离开，等日军侵入富阳县时，孤身一人的老太太活活饿死在自己家里。

得知自己的母亲饿死的噩耗，郁达夫悲痛欲绝，终日泪水不止。而富阳被日军占领，无法回去收敛老母的遗骸，只能在福州光禄坊的寓所里设置灵堂，寄托哀思。在这段时间，回国后一直投身抗日宣传工作的郭沫若，被委任为政治部第三厅厅长。第三厅的组织结构确定后，郭沫若致电郁达夫，邀请他立刻到武汉来出任对敌宣传处处长。

郁达夫没有拒绝，还表现出欣然赴任的态度，立刻向福建政府请求辞去公报室的主任职务。1938 年 3 月，郁达夫离开了福州，没直接去武汉，而是回到在丽水避难的王映霞身边，及时核实与处理一些疯涌不止的传闻，以免家庭起大患。

当初移居杭州，郁达夫本有淡泊名利之意，却因王映霞在杭州的亲戚、朋友太多，外加郁达夫名声大，竟成了上流社会的座上客。在往来的过程中，身为教育厅厅长的许绍棣是他们家的常客。起初，单纯的郁达夫还认为他是谈得来的好友，日久天长后，他逐渐发现许绍棣的频繁来访另有目的。等他去福建省政府当参议后，他就渐渐地察觉到王映霞的心淡了，远了，来信里除了关心钱财和他的仕途，对他不想做官、升官无望也抱怨不少。

在这段他们婚后初次长期分居的日子里，尽管远在福州，郁达夫还是能听到一些关于王映霞“形迹不检”的传闻。敏感脆弱的郁达夫怒火中烧，向朋友核实情况时对方又语焉不详，更是让他难受，左思右想，他将嫌疑锁定在许绍棣身上。

全身心爱着王映霞的郁达夫无法接受这个事实，此外他还听说王映霞从富阳到丽水避难后，就和许绍棣同居了。尽管他不相信王映霞会当着孩子的面行为不检，但是，到了丽水之后，郁达夫发现王映霞竟住在安置官员亲属避难的楼里，而许绍棣就住在楼上。

眼见为实的郁达夫带着满腔怒火见到了王映霞，两人话说不到三句就吵起来，这让郁达夫很沮丧，而王映霞也深感委屈，夫妻俩就这样处于冷战之中。而就在他到丽水的第三天下午，王映霞又突然跟随许绍棣的车而去，这让郁达夫的心碎成粉末。

次日午后，王映霞回来了，郁达夫将她狠狠地骂了一顿，为了证明自己，王映霞答应与他去武汉。而到了武汉后，郁达夫的第一项任务就是去台儿庄做慰问，再一路从浙江、安徽回到武汉。就在此期间，他又听到了关于王映霞与许绍棣尚有往来的绯闻，这让他心情格外阴郁，一回家见面俩人就唇枪舌剑。两人不顾尊严地侮辱对方，给彼此造成了深深的伤害。结果，王映霞一气之下离家出走，没留一声交代，等郁达夫工作归来，只剩下三个孩子哭着要妈妈。

怎么也找不到王映霞，却找到了许绍棣写给她的书信，郁达夫灰心了，于是在《大公报》刊登出《寻人启事》，王映霞私奔的消息顿时在武汉四处传来。不久，一名姓曹的律师前来拜访郁达夫，告诉他王映霞就在他家，正由自己的夫人陪着。

在曹家见到王映霞，郁达夫收到了一连串激烈的痛骂，王映霞死活不肯再跟郁达夫回家，把他关在门外。郁达夫抱定决心在曹家坐等了一天。到了晚上，他要求在曹家住下。王映霞还是不肯接受他，不断恶语驱赶他，曹律师夫妇劝解了许久，王映霞态度才有所缓和。经过几番折腾，王映霞才答应回家，但要他在报纸上对此事道歉和解释，还她一个清白名声，才肯罢休。

1938 年 7 月 10 日，就在汉口《大公报》登出郁达夫的《道歉启事》那天，王映霞回家了，这场家庭风波总算告终了，可是夫妻之间的感情出现了无法修补的裂痕。尽管他们在杭州市长周企虞和《东南日报》主笔胡建中的安排下，双方签了一张意为“夫妻间有临时误解，亦当以互让与规劝之态度，开诚布公”的协议，但在多年后，还是成了导致劳燕分飞的致命因素。而郁达夫的夫妻矛盾，也因两篇启事被公开了，成了正饱受酷暑和战争煎熬的民众们茶余饭后的谈资。

在日军铁蹄下营生南洋

1938年7月，武汉深受日军重重包围，随时都有沦陷的可能。国民党政府发布疏散令，动员老百姓撤出汉口，许多机关、团体和家庭都跟着纷纷疏散。7月中旬，郁达夫全家离开武汉，坐船横渡洞庭湖来到湘西常德。在常德武陵花园住了几天，又觉得常德是水路要冲，并不安全，于是接受一个朋友的建议，转到了洞庭湖边的汉寿县。

在汉寿，物美价廉的生活消费让这个曾受重创的家庭安定了下来。郁达夫在这期间创作颇多，写了《家与国》、《政治与军事》等数篇杂文，这些文章在香港的《星岛日报》刊登后，引起各方关注，就连广东省军政首脑也专门去买来一读。

避居汉寿两个多月后，福建省政府的陈仪又发来电报，请郁达夫回福州主持抗日工作。郁达夫决定再次只身前往福州，却遭到了王映霞的强烈反对，但这没能改变他的去意。为了安抚妻子的心，郁达夫每到一处都给王映霞发信或者明信片，告知行程，抚慰思念。抵达福州不久，胡文虎报业集团驻福州的代表胡兆祥向郁达夫发来诚挚的邀请，以四百元的高薪聘请他担任《星洲日报》的编辑。郁达夫答应了，因为考虑到国内形势有逆转之势，认为应该有人赴海外去进行抗日宣传。还有就是想换个新环境，毕竟当初在武汉闹得家丑众所皆知，听到有些人在身后指指点点，他心里不痛快。

决定出国后，郁达夫给王映霞发电报，让她赶快带孩子一起到福州会合。可是，武汉沦陷后的难民一路往湖南、四川地方跑，社会混乱。王映霞带着母亲和孩子，从汉寿来到长沙，准备再转车到福州。由于交通拥挤，遭遇滞留，王映霞和母亲分开行动，自己先带长子郁飞去福州，母亲带着两个小儿子暂留浦城。

12 月 18 日，郁达夫和王映霞终于会合，他们一起乘坐小渡轮离开了福州，经过十天的航行，顺利踏上新加坡的土地。这对被外人称为“神仙侣”夫妇的到来，给新加坡的文化圈带来了不小的轰动，文人们纷纷前来欢迎，设宴款待这对才子佳人。

郁达夫一到新加坡就走马上任，担任《星洲日报》每天一版的《晨星》副刊和晚报每天半版的《繁星》副刊主编，后来又兼该报每周日的《文艺》主编，王映霞则担任妇女版的编辑。一切可谓顺风顺水，在大坡的南天酒楼住没多久，他们就搬入了位于中等阶级住宅区的中峇鲁中保陆二十四号寓所，与画家徐悲鸿、音乐家任光等众多南来文化名人做了邻居。

郁达夫很快就适应了新加坡的新生活。他每天忙着编辑工作和应酬，晚上回到家洗澡吃饭后，换上短衫短裤去散步，遇到水果摊、冷饮车就买点来吃，对当地的水果极为喜爱。而书籍、酒柜等物资，更是大手笔购进，短短数年，他家的酒柜里就放满了各式各样的洋烟洋酒，书房里的书籍堆得到处都是。

然而，物质优渥的新环境并不能弥合他们的感情裂痕，反有恶化的迹象。在新加坡的文化圈里，人们都非常羡慕这对“富春江上神仙侣”，每逢什么活动宴会，都邀请夫妇一同出席。在人前，夫妇俩还稍微有点笑意，一旦回到寓所，大多沉默无语，互不理睬。1939 年 3 月，王映霞发现香港版的《大风旬刊》刊登了郁达夫写的《毁家诗纪》，顿时掀起一场无法挽回的家庭风波。

王映霞痛恨郁达夫把当初在武汉闹的风波写下来，拿出去发表，而且还在其中说她水性杨花有外遇。发现当天，他们俩就发生了激烈的争吵。为还自己清白，王映霞先后写了两封信给《大风旬刊》的编辑陆丹林。《大风旬刊》就以不掩盖的态度，将两封信编辑成《一封长信的开始》、《请看事实》发表出来，这场家庭矛盾纠纷愈演愈烈，两人公开闹翻。

为此，王映霞提出无条件离婚，不愿再与郁达夫继续生活。郁达夫不加理睬，天真地认为王映霞还有回心转意的可能，而且，哥哥郁曼陀的死让他无暇理会王映霞的哭闹。

1939年11月23日，郁曼陀在上海的寓所门前被特务暗杀，噩耗传来，郁达夫悲痛万分，这是继母亲饿死故乡之后，给他的心灵带来的又一次沉重打击。父亲早逝后，是年长他十二岁的哥哥郁曼陀对他进行教养，承担起父亲的责任。而现在大哥惨死，身在新加坡的郁达夫无法回去参加葬礼，只能用手中的笔写下《悼胞兄曼陀》发表在《星洲日报》上，再撰写挽联寄往上海。

王映霞见郁达夫对自己提出离婚一直没反应，十分愤怒，又一次提出离婚。这回她的态度更加坚决，索性搬了出去，独自到离新加坡八十海里的廖内居住，在她的一个同学办的学校教书。

分居有些日子后，王映霞第三次提出离婚。郁达夫见王映霞如此坚决，知道事情再无挽回之地，也彻底绝望了。1940年3月，他们俩在离婚协议书上签字，结束了这场长达十二年的夫妻关系，从此劳燕分飞。当年5月，香港《星岛日报》刊登出郁达夫离婚的启事，王映霞也托人在《星岛日报》、《中央日报》、《东南日报》上登出《王映霞离婚启事》，以郁达夫“浪漫腐化，不堪同居”为由，宣布脱离夫妻关系，儿子三人归郁达夫抚养。

王映霞走后，郁达夫与长子郁飞相依为命，日子变得寂寞和清苦得多了。本来他就是连自己都照顾不好的人，如今多了个儿子，总是忙得手忙脚乱，更深切体现了身边有一个女人的重要性。

在一个偶然的场合，郁达夫遇见了李筱英，顷刻被她的美貌和热情所吸引。李筱英十分仰慕郁达夫的才华，这名二十六岁的成熟女子不但漂亮还热情奔放，结过婚，因感情不和而与丈夫分居。但是，在实际的交往中，郁达夫对她总是保持若即若离的态度，因为王映霞留下的阴影，他如今对漂亮女人心有芥蒂。再加上儿子郁飞不接受李筱英，他们不曾结合，只是成了心灵伴侣，经常约会于蕉风椰雨中，相互倾吐感情。

1941年，英国情报部要办一张四开的《华侨周报》，在李筱英的联系和推荐下，该报聘郁达夫为主编，李筱英担任他的助理，成了工作上的伙伴。

在李筱英的鼓励下，郁达夫决定翻阅林语堂用英文写的《瞬息京华》，在周报上以每期两千字的速度连载，作为提高周报知名度的重磅文章。但只刊登了四个月，太平洋战争就爆发了，周报被迫停刊，郁达夫被迫跌入颠沛流离的生活中，未能将这部小说翻译完。

1941年，日军大举南侵，在马来半岛英国领属的哥巴达鲁登陆。同一天，新加坡遭遇了开埠以来第一次战火袭击，三十四架日本飞机对新加坡实施轰炸，炸毁了英国派出的两艘战舰，新加坡危在旦夕。

郁达夫加入了抗战队伍，积极参加各种集会，四处发表演说，冒着战火慰问新加坡华侨抗日义勇军，还代表新加坡华侨抗敌动员会与英国殖民地当局交涉，要求释放所有政治犯。

随着战局越来越危急，郁达夫将位于市中心的家搬到了一处偏僻地段的一间阁楼里，囤积了不少食品，做好长期抗战的准备。不久，眼看局势日益恶化，郁达夫决定让郁飞回国。送走儿子的那天晚上，英国撤出马来西亚半岛，炸毁柔佛海峡，已无意死守新加坡，就连那些处于抗日前线的华侨也抛弃掉，拒绝提供撤退的交通便利。

1942 年 2 月 4 日，郁达夫搭乘一艘破旧的机动船离开新加坡。他走得仓促，只带走一只皮箱和一只装着生活用具的手提袋，就在他走后的第十一天，丢在阁楼里的几万卷藏书与沦陷的新加坡化作一片火海。

郁达夫最先在石叻班让上岸，几天后又随一行人迁到望嘉丽。在这里，他本想去爪哇找正在那里担任播音的李筱英，在她的帮助下，再搭船从印度洋回国。荷兰官员却不许他们去爪哇，一行人只好逗留望嘉丽。随着新加坡沦陷，望嘉丽也变得十分危险，眼看随时都有日军登陆，郁达夫再次与荷兰地方长官交涉，但依旧没成功。在进退两难之际，一名华侨向他们提供帮助，于是他们搭船来到了东村暂时避难，打算在这里等待能去爪哇的机会。

东村环境偏僻，居民不多，郁达夫一行人在此居住了两个多月，闲来无事还学起了印尼语。到了 3 月 9 日，传来了爪哇荷印总督向日军投降的消息，他们回国的愿望破碎了。为了保护自己，他们兵分两路地潜伏起来，郁达夫和王纪元来到了海边的小村彭鹤岭，在当地华侨的帮助下开了一家小杂货铺，郁达夫化名赵德清（后来化名赵廉），当了小老板。当年4月，沦陷后被日军改为昭南岛的新加坡政府派人来石叻班抓回由新加坡逃出的人，郁达夫决定离开，逃到苏门答腊岛的西部去避难。

5月初，郁达夫途经卜干峇鲁，前往苏门答腊岛西部高原的小镇巴爷公务。乘坐的大客车上除了他们是华侨，全是印尼人。途中，大客车被一辆军车拦下，上来了一群日本人，叽里咕噜地问话，见车内一片沉默，就拔枪抓人来威胁。郁达夫听到他们是在问路，而车内的印尼人没一个人听懂他们的话，担心这些日本人会气急败坏而伤人，于是他举起双手站起来，用日语回话，此事才算过去。没想到他们到了巴爷公务，刚在一家广东人开的海天旅馆里住下，就听到“日本大间谍化名赵廉来巴爷公务刺探华侨情报”的传闻，这让他很吃惊，自己怎么就成了大间谍了？这才联想起在客车上的事，这让他惊慌不安，决心伪装自己。

为了掩人耳目，郁达夫很快搬出海天旅馆，住进了租来的一幢荷兰建筑里。一次他去拜访当地的乔长蔡长达，想拜托他给自己找租房时，遇到乔长正在与几个日本兵交涉，因语言不通而双方僵持得几乎要拔刀相向。蔡长达见到郁达夫，就像见到了救星，就拉他过来做翻译。从此，当地的日本宪兵都知道，巴爷公务有一个叫赵廉的华侨精通日语。

这一次暴露自己，给郁达夫带来了致命的烦恼。驻守苏门答腊的日军经常请他去当翻译，虽然他通过这个职权为华侨和印尼人做了不少好事，却让自己无法回祖国，因为他自认已成了汉奸，蒋介石一定会杀了他。当然，假如日本兵知道他是郁达夫，同样也会杀了他。

在两难之中，郁达夫尽量掩饰自己，骗日本人说自己是来这里逃难的华侨富商，当年也在东京做过生意。为宪兵队做翻译，他从不收取费用。为了生活，也为了维护华侨富商的形象，他在当地华侨的帮助下，开起了“赵豫记酒厂”，生产出“双清”、“初恋”两种酒来，并不断向宪兵队推销这种名字极富日本色彩的酒，之后还办起了造纸厂和肥皂厂。

与日本人接触，郁达夫十分谨慎，即便是被日本人邀去喝酒，他都不再像过去那样喝个烂醉。如果要留宿宪兵营，他都要求朋友陪同，因为他有说梦话的习惯，生怕在梦中说出自己的真实身份。

每次日本人问起他的家室，郁达夫都说妻子已亡故，孩子留在国内。为了维护富商的形象，郁达夫觉得孤身一人总有不妥，于是他接受朋友的建议，决定娶妻，结果选择与一名其貌不扬的印尼华侨陈莲有结婚。

陈莲有出生于广东台山，很小的时候就被姑父带到印尼，没受过教育，不懂说中国话，结婚时她对郁达夫的身世毫不知情。因相貌普通，人老实本分，郁达夫就开玩笑地给她取名何丽有。

其实，郁达夫在苏门答腊认识不少女性，还恋爱过两次，其中一名是金发碧眼的美丽女子，在荷兰人学校里当幼儿园老师。但是，他依旧没能摆脱王映霞给他带来的阴影，觉得美丽能干的女人让他感到压抑。

为了掩人耳目，郁达夫与何丽有的婚礼选在巴东举行，场面盛大，各界名流纷纷到场，还邀请日本人来参加喜宴。婚后一周，夫妻俩就搬回巴爷公务，过着悠闲的隐居生活，尽量少与日本军往来，并去医院拿了一张“肺病证明”，让很怕传染病的日本宪兵队不愿接近他。

如此清净地过了一年多，妻子何丽有生下了一个男孩，取名大亚，之后改名大雅。而妻子老实本分，把家里和酒厂收拾得井井有条，也让郁达夫很满意，自觉生活有点惬意。

1944 年，社会形势发生了重大变化，日军部将苏门答腊的军政监部迁往武吉丁宜，同时苏岛的宪兵部也搬到了那里，而且部分人员是从新加坡调过来的，这对近在咫尺的住在巴爷公务的郁达夫构成了威胁。

宪兵队里有一个福建籍的工作人员叫洪培根，他调到武吉丁宜不久，就发现赵廉其实是郁达夫，但洪培根并没立刻揭发他。不久之后的一场酒宴上，洪培根告诉郁达夫，他看上了巴东一名姓黄的华侨商人的女儿，希望能为他做媒。待人豁达爽快的郁达夫一口答应了，但当他得知这名女子是从新加坡逃难来的姓林的朋友的未婚妻后，他立刻改变了主意。次日专门找到洪培根，当面拒绝此事。

表面上洪培根没说什么，心里却非常气愤，就将他的真实身份告诉了日本宪兵队，说他是联军间谍。洪培根告密的事传开后，躲在巴爷公务的文化人都感到形势危急，纷纷撤离。可郁达夫不走，他知道日本宪兵早已在暗中监视他了，根本逃不掉。

1944 年 8 月的一天，一个常去郁达夫家的宪兵又来到他的家里，一改平时的称呼，叫他郁先生。原来，这名日本宪兵早就到上海、东京调查他的真实身份了，宪兵还埋怨说，为了调查他，花了不少钱和时间。郁达夫也很爽快，送了他一千盾的军票，还好吃好喝地款待他，那宪兵于是承诺自己也会很够朋友的。

这个秘密确实没被公开出去，除了几个宪兵外，其他日本人都不知道赵廉的真实身份，郁达夫仍旧住在巴爷公务。但这件事过后不久，他的身份又引起日本特务，特高科科长亀田三郎的怀疑。借着自己的生日宴，亀田三郎邀请郁达夫来喝酒，一边喝一边建议各人分头用日文写诗。郁达夫喝得半醉了，一说要作诗，被压抑已久的心变得兴奋起来，一口气写了十多首日文诗。

亀田三郎对郁达夫的才华惊叹叫绝，同时更加怀疑他的真实身份。他将郁达夫的诗发到东京情报总站去核查，对方发回的结果称，能写这样水准的日文诗的中国人目前只有鲁迅、周作人、郭沫若、郁达夫这四个。据他们掌握，鲁迅已去世，郭沫若在重庆，周作人在北平，郁达夫下落不明。

龟田三郎一接到消息，立刻去找郁达夫。见来者神色肯定，郁达夫承认了，并以三千盾做封口费。但是，从此以后，郁达夫受到了日本宪兵的高度监视。1945 年元旦，终日处于精神高度紧张状态的郁达夫异常惶恐，对新的一年有种不祥之感。自知天命的他写了一份遗嘱，最终成了他惨遭杀害的铁证。

1945 年 8 月 15 日，日本投降了，国际军事法庭将要审判日军，驻扎在各地的宪兵队在撤走之前，纷纷毁灭证据。8 月 26 日的晚上，郁达夫像往常那样，和几个朋友在家里的客厅聊天。大约在 8 点多的时候，有人敲门，来的是一名二十多岁的印尼青年，郁达夫和他说了几句话后就回客厅对客人说："有些事需要我出去一趟，大家请稍候，我一会儿就来。"

他穿上睡衣和拖鞋，随后就走，看上去似乎不会去太久。然而，那天晚上，等在客厅里的几位朋友再也等不回郁达夫。第二天，妻子何丽有生下他们的第二个孩子——美兰。这个可怜的女孩，从出生起就再也见不到她的爸爸了。

当时，印尼当局报郁达夫是失踪，最终证据显示，他已死亡。由于郁达夫在日本宪兵队当翻译期间，了解到他们太多的暴行，手持他们太多的罪证，一旦到了法庭，他就是日本军阀暴行的最好证人。令日军不安的是，他还是个赫赫有名的作家和报业编辑，一旦战后他将那些罪恶报道出来，必定在国际上产生广泛影响。对于这样一个极其危险的人物，不杀必定后患无穷。

后来，在对郁达夫死因的调查研究中表明，郁达夫的死比官方记载的还要凄惨很多，他们用的不是枪杀，而是活活掐死。其抛尸地点已无后人知晓，至于尸骸，至今还未找到。一位曾撼动中国现代文坛的作家就这样消失在南洋的瀚海中，给后人留下许多遗憾和叹息。

第五辑　郁达夫著作精选

（1）小说

沉　沦

一

他近来觉得孤冷得可怜。

他的早熟的性情，竟把他挤到与世人绝不相容的境地去，世人与他的中间介在的那一道屏障，愈筑愈高了。

天气一天一天的清凉起来，他的学校开学之后，已经快半个月了。那一天正是九月的二十二日。

晴天一碧，万里无云，终古常新的皎日，依旧在她的轨道上，一程一程的在那里行走。从南方吹来的微风，同醒酒的琼浆一般，带着一种香气，一阵阵的拂上面来。在黄苍未熟的稻田中间，在弯曲同白线似的乡间的官道上面，他一个人手里捧了一本六寸长的 Wordsworth① 的诗集，尽在那里缓缓的独步。在这大平原内，四面并无人影；不知从何处飞来的一声两声的远吠声，悠悠扬扬的传到他耳膜上来。他眼

① 华兹华斯，英国诗人。

睛离开了书，同做梦似的向有犬吠声的地方看去，但看见了一丛杂树，几处人家，同鱼鳞似的屋瓦上，有一层薄薄的蜃气楼，同轻纱似的，在那里飘荡。“Oh，you serene gossamer! You beautiful gossamer!”

这样的叫了一声，他的眼睛里就涌出了两行清泪来，他自己也不知道是什么缘故。

呆呆的看了好久，他忽然觉得背上有一阵紫色的气息吹来，息索的一响，道傍的一枝小草，竟把他的梦境打破了，他回转头来一看，那枝小草还是颠摇不已，一阵带着紫罗兰气息的和风，温微微的哼到他那苍白的脸上来。在这清和的早秋的世界里，在这澄清透明的以太中，他的身体觉得同陶醉似的酥软起来。他好像是睡在慈母怀里的样子。他好像是梦到了桃花源里的样子。他好像是在南欧的海岸，躺在情人膝上，在那里贪午睡的样子。

他看看四边，觉得周围的草木，都在那里对他微笑。看看苍空，觉得悠久无穷的大自然，微微的在那里点头。一动也不动的向天看了一会，他觉得天空中，有一群小天神，背上插着了翅膀，肩上挂着了弓箭，在那里跳舞。他觉得乐极了。便不知不觉开了口，自言自语的说：

“这里就是你的避难所。世间的一般庸人都在那里妒忌你，轻笑你，愚弄你；只有这大自然，这终古常新的苍空皎日，这晚夏的微风，这初秋的清气，还是你的朋友，还是你的慈母，还是你的情人，你也不必再到世上去与那些轻薄的男女共处去，你就在这大自然的怀里，这纯朴的乡间终老了罢。”

这样的说了一遍，他觉得自家可怜起来，好像有万千哀怨，横亘在胸中，一口说不出来的样子。含了一双清泪，他的眼睛又看到他手里的书上去。

Behold her，single in the field，
You solitary Highland Lass!
Reaping and singing by herself；
Stop here，or gently pass!
Alone she cuts，and binds the grain，
And sings a melancholy strain；
O，listen! for the vale profound
Is over flowing with the sound.

看了这一节之后，他又忽然翻过一张来，脱头脱脑的看到那第三节去。

Will no one tell me what she sings?
Perhaps the plaintive numbers flow
For old，unhappy，far-off things，
And battle long ago：
Or is it some more humble lay，
Familiar matter of today?

Some natural sorrow，loss，or pain，

That has been，and maybe again?

这也是他近来的一种习惯，看书的时候，并没有次序的。几百页的大书，更可不必说了，就是几十页的小册子，如爱美生的《自然论》（Emerson's《On Nature》），沙罗的《逍遥游》（Thoreau's《Ex-cursion》）之类，也没有完完全全从头至尾的读完一篇过。当他起初翻开一册书来看的时候，读了四行五行或一页二页，他每被那一本书感动，恨不得要一口气把那一本书吞下肚子里去的样子，到读了三页四页之后，他又生起一种怜惜的心来，他心里似乎说：

“像这样的奇书，不应该一口气就把它念完，要留着细细儿的咀嚼才好。一下子就念完了之后，我的热望也就不得不消灭，那时候我就没有好望，没有梦想了，怎么使得呢?”

他的脑里虽然有这样的想头，其实他的心里早有一些儿厌倦起来，到了这时候，他总把那本书收过一边，不再看下去。过几天或者过几个钟头之后，他又用了满腔的热忱，同初读那一本书的时候一样的，去读另外的书去；几日前或者几点钟前那样的感动他的那一本书，就不得不被他遗忘了。

放大了声音把渭迟渥斯的那两节诗读了一遍之后，他忽然想把这一首诗用中国文翻译出来。

“孤寂的高原刈稻者”，他想想看，《The solitary Highlandreaper》诗题只有如此的译法。

你看那个女孩儿，她只一个人在田里，

你看那边的那个高原的女孩儿，她只一个人冷清清地！

她一边刈稻，一边在那儿唱着不已；

她忽儿停了，忽而又过去了，轻盈体态，风光细腻！

她一个人，刈了，又重把稻儿捆起，

她唱的山歌，颇有些儿悲凉的情味；

听呀听呀！这幽谷深深，

全充满了她的歌唱的清音。

有人能说否，她唱的究竟是什么？

或者她那万千的痴话

是唱着前代的哀歌，

或者是前朝的战事，千兵万马；

或者是些坊间的俗曲

便是目前的家常闲说？

或者是些天然的哀怨，必然的丧苦，自然的悲楚。

这些事虽是过去的回思，将来想亦必有人指诉。

他一口气译了出来之后，忽又觉得无聊起来，便自嘲自骂的说：

“这算是什么东西呀，岂不同教会里的赞美歌一样的乏味么？英国诗是英国诗，中国诗是中国诗，又何必译来对去呢！”

这样的说了一句，他不知不觉便微微儿的笑了起来。向四边一看，太阳已经打斜了；大平原的彼岸，西边的地平线上，有一座高山，浮在那里，饱受了一天残照，山的周围酝酿成一层朦朦胧胧的岚气，反射出一种紫不紫红不红的颜色来。

他正在那里出神呆看的时候，哼的咳嗽了一声，他的背后忽然来了一个农夫。回头一看，他就把他脸上的笑容装改了一副忧郁的面色，好像他的笑容是怕被人看见的样子。

二

他的忧郁症愈闹愈甚了。

他觉得学校里的教科书，味同嚼蜡，毫无半点生趣。天气清朗的时候，他每捧了一本爱读的文学书，跑到人迹罕至的山腰水畔，去贪那孤寂的深味去。在万籁俱寂的瞬间，在天水相映的地方，他看看草木虫鱼，看看白云碧落，便觉得自家是一个孤高傲世的贤人，一个超然独立的隐者。有时在山中遇着一个农夫，他便把自己当作了 Zaratustra①，把 Zaratustra 所说的话，也在心里对那农夫讲了。他的 Megalomania② 也同他的 Hypochondria③ 成了正比例，一天一天

① 即查拉图斯特拉。德国哲学家尼采著有名著《查拉图斯特拉如是说》。
② 夸大狂。
③ 疑病。

的增加起来。他竟有接连四五天不上学校去听讲的时候。

有时候到学校里去，他每觉得众人都在那里凝视他的样子。他避来避去想避他的同学，然而无论到了什么地方，他的同学的眼光，总好像怀了恶意，射在他的背脊上面。

上课的时候，他虽然坐在全班学生的中间，然而总觉得孤独得很；在稠人广众之中，感得的这种孤独，倒比一个人在冷清的地方，感得的那种孤独，还更难受。看看他的同学，一个个都是兴高采烈的在那里听先生的讲义，只有他一个人身体虽然坐在讲堂里头，心思却同飞云逝电一般，在那里作无边无际的空想。

好容易下课的钟声响了！先生退去之后，他的同学说笑的说笑，谈天的谈天，个个都同春来的燕雀似的，在那里作乐；只有他一个人锁了愁眉，舌根好像被千钧的巨石锤住的样子，兀的不作一声。他也很希望他的同学来对他讲些闲话，然而他的同学却都自家管自家的去寻欢乐去，一见了他那一副愁容，没有一个不抱头奔散的，因此他愈加怨他的同学了。

“他们都是日本人，他们都是我的仇敌，我总有一天来复仇，我总要复他们的仇。”

一到了悲愤的时候，他总这样的想，然而到了安静之后，他又不得不嘲骂自家说：

“他们都是日本人，他们对你当然是没有同情的，因为你想得他们的同情，所以你怨他们，这岂不是你自家的错误么?”

他的同学中的好事者，有时候也有人来向他说笑的，他心里虽然非常感激，想同那一个人谈几句知心的话，然而口中总说不出什么话来；所以有几个解他的意的人，也不得不同他疏远了。

他的同学日本人在那里欢笑的时候，他总疑他们是在那里笑他，他就一霎时的红起脸来。他们在那里谈天的时候，若有偶然看他一眼的人，他又忽然红起脸来，以为他们是在那里讲他。他同他同学中间的距离，一天一天的远背起来，他的同学都以为他是爱孤独的人，所以谁也不敢来近他的身。

有一天放课之后，他挟了书包，回到他的旅馆里来，有三个日本学生系同他同路的。将要到他寄寓的旅馆的时候，前面忽然来了两个穿红裙的女学生。在这一区市外的地方，从没有女学生看见的，所以他一见了这两个女子，呼吸就紧缩起来。他们四个人同那两个女子擦过的时候，他的三个日本人的同学都问她们说：

“你们上那儿去?”

那两个女学生就作起娇声来回答说：

“不知道!”

“不知道!”

那三个日本学生都高笑起来，好像是很得意的样子；只有他一个人似乎是他自家同她们讲了话似的，害了羞，匆匆跑回旅馆里来。进了他自家的房，把书包用力的向席上一丢，他就在席上躺下了。他的胸前还在那里乱跳，用了一只手枕着头，一只手按着胸口，他便自嘲自骂的说：

“你这卑怯者！

“你既然怕羞，何以又要后悔？

“既要后悔，何以当时你又没有那样的胆量？不同她们去讲一句话。

“Oh，coward[①]，coward!”

说到这里，他忽然想起刚才那两个女学生的眼波来了。那两双活泼泼的眼睛！

那两双眼睛里，确有惊喜的意思含在里头。然而再仔细想了一想，他又忽然叫起来说：

“呆人呆人！她们虽有意思，与你有什么相干？她们所送的秋波，不是单送给那三个日本人的么？唉！唉！她们已经知道了，已经知道我是支那人了，否则她们何以不来看我一眼呢！复仇复仇，我总要复他们的仇。”

说到这里，他那火热的颊上忽然滚了几颗冰冷的眼泪下来。他是伤心到极点了。这一天晚上，他记的日记说：

> 我何苦要到日本来，我何苦要求学问。既然到了日本，那自然不得不被他们日本人轻侮的。中国

---

① 懦夫。

呀中国！你怎么不富强起来，我不能再隐忍过去了。

故乡岂不有明媚的山河，故乡岂不有如花的美女？我何苦要到这东海的岛国里来！

到日本来倒也罢了，我何苦又要进这该死的高等学校。他们留了五个月学回去的人，岂不在那里享荣华安乐么？这五六年的岁月，教我怎么能挨得过去。受尽了千辛万苦，积了十数年的学识，我回国去，难道定能比他们来胡闹的留学生更强么？

人生百岁，年少的时候，只有七八年的光景，这最纯最美的七八年，我就不得不在这无情的岛国里虚度过去，可怜我今年已经是二十一了。

“槁木的二十一岁！

“死灰的二十一岁！

“我真还不如变了矿物质的好，我大约没有开花的日子了。

“知识我也不要，名誉我也不要，我只要一个安慰我体谅我的‘心’。一副白热的心肠！从这一副心肠里生出来的同情！从同情而来的爱情！

“我所要求的就是爱情！

“若有一个美人，能理解我的苦楚，她要我死，我也肯的。

“若有一个妇人，无论她是美是丑，能真心真意的爱我，我也愿意为她死的。

“我所要求的就是异性的爱情！

“苍天呀苍天，我并不要知识，我并不要名誉，

我也不要那些无用的金钱，你若能赐我一个伊甸园

内的‘伊扶’，使她的肉体与心灵，全归我有，我

就心满意足了。”

三

他的故乡，是富春江上的一个小市，去杭州水程不过八九十里。这一条江水，发源安徽，贯流全浙，江形曲折，风景常新，唐朝有一个诗人赞这条江水说“一川如画”。他十四岁的时候，请了一位先生写了这四个字，贴在他的书斋里，因为他的书斋的小窗，是朝着江面的。虽则这书斋结构不大，然而风雨晦明，春秋朝夕的风景，也还抵得过滕王高阁。在这小小的书斋里过了十几个春秋，他才跟了他的哥哥到日本来留学。

他三岁的时候就丧了父亲，那时候他家里困苦得不堪。好容易他长兄在日本W大学卒了业，回到北京，考了一个进士，分发在法部当差。不上两年，武昌的革命起来了。那时候他已在县立小学堂卒了业，正在那里换来换去的换中学堂。他家里的人都怪他无恒性，说他的心思太活。然而依他自己讲来，他以为他一个人同别的学生不同，不能按部就班的同他们同在一处求学的。所以他进了K府中学

之后，不上半年又忽然转了H府中学来；在H府中学住了三个月，革命就起来了。H府中学停学之后，他依旧只能回到那小小的书斋里来。第二年的春天，正是他十七岁的时候，他就进了大学的预科。这大学是在杭州城外，本来是美国长老会捐钱创办的，所以学校里浸润了一种专制的弊风，学生的自由，几乎被压缩得同针眼儿一般的小。礼拜三的晚上有什么祈祷会，礼拜日非但不准出去游玩，并且在家里看别的书也不准的，除了唱赞美诗祈祷之外，只许看新旧约书。每天早晨从九点钟到九点二十分，定要去做礼拜，不去做礼拜，就要扣分数记过。他虽然非常爱那学校近傍的山水景物，然而他的心里，总有些反抗的意思，因为他是一个爱自由的人，对那些迷信的管束，怎么也不甘心服从。住不上半年，那大学里的厨子，托了校长的势，竟打起学生来。学生中间有几个不服的，便去告诉校长，校长反说学生不是。他看看这些情形，实在是太无道理了，就立刻去告了退，仍复回家，到那小小的书斋里去。那时候已经是六月初了。

在家里住了三个多月，秋风吹到富春江上，两岸的绿树，就快凋落的时候，他又坐了帆船，下富春江，上杭州去。却好那时候石牌楼的W中学正在那里招插班生，他进去见了校长M氏，把他的经历说给了M氏夫妻听，M氏就许他插入最高的班里去。这W中学原来也是一个教会学校，校长M氏，也是一个糊涂的美国宣教师；他看看这学校的内容倒比 H 大学不如了。与一位很卑鄙的教务长——原来这一位先生就是 H 大学的卒业生——闹了一场，第二年的春天，他就出来了。出了 W 中学，他看看杭州的学校，都不能如他的意，所以他就打算不再进别的学校去。

正是这个时候，他的长兄也在北京被人排斥了。原来他的长兄为人正直得很，在部里办事，铁面无私，并且比一般部内的人物又多了一些学识，所以部内上下，都忌惮他。有一天某次长的私人，来问他要一个位置，他执意不肯，因此次长就同他闹起意见来，过了几天他就辞了部里的职，改到司法界去做司法官去了。他的二兄那时候正在绍兴军队里作军官，这一位二兄军人习气颇深，挥金如土，专喜结交侠少。他们弟兄三人，到这时候都不能如意之所为，所以那一小市镇里的闲人都说他们的风水破了。

他回家之后，便镇日镇夜的蛰居在他那小小的书斋里。他父祖及他长兄所藏的书籍，就作了他的良师益友。他的日记上面，一天一天的记起诗来。有时候他也用了华丽的文章做起小说来，小说里就把他自己当作了一个多情的勇士，把他邻近的一家寡妇的两个女儿，当作了贵族的苗裔，把他故乡的风物，全编作了田园的情景；有兴的时候，他还把他自家的小说，用单纯的外国文翻释起来；他的幻想，愈演愈大了，他的忧郁病的根苗，大约也就在这时候培养成功的。在家里住了半年，到了七月中旬，他接到他长兄的来信说：

“院内近有派予赴日本考察司法事务之意，予已许院长以东行，大约此事不日可见命令。渡日之先，拟返里小住。三弟居家，断非上策，此次当偕伊赴日本也。”他接到了这一封信之后，心中日日盼他长兄南来，到了九月下旬，他的兄嫂才自北京到家。住了一月，他就同他的长兄长嫂同到日本去了。

到了日本之后，他的 Dreams of the romantic age① 尚未醒悟，模模糊糊的过了半载，他就考入了东京第一高等学校。这正是他十九岁的秋天。

第一高等学校将开学的时候，他的长兄接到了院长的命令，要他回去。他的长兄就把他寄托在一家日本人的家里，几天之后，他的长兄长嫂和他的新生的侄女儿就回国去了。东京的第一高等学校里有一班预备班，是为中国学生特设的。在这预科里预备一年，卒业之后，才能入各地高等学校的正科，与日本学生同学。他考入预科的时候，本来填的是文科，后来将在预科卒业的时候，他的长兄定要他改到医科去，他当时亦没有什么主见，就听了他长兄的话把文科改了。

预科卒业之后，他听说 N 市的高等学校是最新的，并且 N 市是日本产美人的地方，所以他就要求到 N 市的高等学校去。

---

① 浪漫年纪的梦。

四

他的二十岁的八月二十九日的晚上，他一个人从东京的中央车站乘了夜行车到 N 市去。

那一天大约刚是旧历的初三四的样子，同天鹅绒似的又蓝又紫的天空里，洒满了一天星斗。半痕新月，斜挂在西天角上，却似仙女的蛾眉，未加翠黛的样子。他一个人靠着了三等车的车窗，默默的在那里数窗外人家的灯火。火车在暗黑的夜气中间，一程一程地进去，那大都市的星星灯火，也一点一点的朦胧起来，他的胸中忽然生了万千哀感，他的眼睛里就忽然觉得热起来了。

“Sentimental①，too sentimental!”这样的叫一声，把眼睛揩了一下，他反而自家笑起自家来。

“你也没有情人留在东京，你也没有弟兄知己住在东京，你的眼泪究竟是为谁洒的呀！或者是对于你过去的生活的伤感，或者是对你二年间的生活的余情，然而你平时不是说不爱东京的么？

“唉，一年人住岂无情。

“黄莺住久浑相识，欲别频啼四五声！”

胡思乱想的寻思了一会，他又忽然想到初次赴新大陆去的清教徒的身上去。

“那些十字架下的流人，离开他故乡海岸的时候，大约

① 多愁善感的。

也是悲壮淋漓，同我一样的。”

火车过了横滨，他的感情方才渐渐儿的平静起来。呆呆的坐了一忽，他就取了一张明信片出来，垫在海涅（Heine）的诗集上，用铅笔写了一首诗寄他东京的朋友。

峨眉月上柳梢初，又向天涯别故居，
四壁旗亭争赌酒，六街灯火远随车，
乱离年少无多泪，行李家贫只旧书，
后夜芦根秋水长，凭君南浦觅双鱼。

在朦胧的电灯光里，静悄悄的坐了一会，他又把海涅的诗集翻开来看了。

Ledet wohl，ihr glatten Saale，
Glatte Herren，glatte Frauen!
Auf die Berge will ich steigen，
Lachend auf euch niederschauen!

Heines《Harzreise》

浮薄的尘寰，无情的男女，
你看那隐隐的青山，我欲乘风飞去，
且住且住，
我将从那绝顶的高峰，笑看你终归何处。

单调的轮声，一声声连连续续的飞到他的耳膜上来，不上三十分钟他竟被这催眠的车轮声引诱到梦幻的仙境里去了。

早晨五点钟的时候，天空渐渐儿的明亮起来。在车窗里向外一望，他只见一线青天还被夜色包住在那里。探头出去一看，一层薄雾，笼罩着一幅天然的画图，他心里想了一想："原来今天又是清秋的好天气，我的福分真可算不薄了。"过了一个钟头，火车就到了N市的停车场。

下了火车，在车站上遇见了个日本学生；他看看那学生的制帽上也有两条白线，便知道他也是高等学校的学生。他走上前去，对那学生脱了一脱帽，问他说：

"第X高等学校是在什么地方的？"

那学生回答说：

"我们一路去罢。"

他就跟了那学生跑出火车站来，在火车站的前头，乘了电车。

时光还早得很，N市的店家都还未曾起来。他同那日本学生坐了电车，经过了几条冷清的街巷，就在鹤舞公园前面下了车。他问那日本学生说：

"学校还远得很么？"

"还有二里多路。"

穿过了公园，走到稻田中间的细路上的时候，他看看太阳已经起来了，稻上的露滴，还同明珠似的挂在那里。前面有一丛树林，树林荫里，疏疏落落的看得见几椽农舍。有两三条烟囱筒子，突出在农舍的上面，隐隐约约的浮在清晨的空气里。一缕两缕的青烟，同炉香似的在那里浮动，他知道农家已在那里炊早饭了。

到学校近边的一家旅馆去一问，他一礼拜前头寄出的几件行李，早已经到在那里。原来那一家人家是住过中国留学生的，所以主人待他也很殷勤。在那一家旅馆里住下了之后，他觉得前途好像有许多欢乐在那里等他的样子。

他的前途的希望，在第一天的晚上，就不得不被目前的实情嘲弄了。原来他的故里，也是一个小小的市镇。到了东京之后，在人山人海的中间，他虽然时常觉得孤独，然而东京的都市生活，同他幼时的习惯尚无十分龃龉的地方。如今到了这N市的乡下之后，他的旅馆，是一家孤立的人家，四面并无邻舍，左首门外便是一条如发的大道，前后都是稻田，西面是一方池水，并且因为学校还没有开课，别的学生还没有到来，这一间宽旷的旅馆里，只住了他一个客人。白天倒还可以支吾过去，一到了晚上，他开窗一望，四面都是沉沉的黑影，并且因N市的附近是一大平原，所以望眼连天，四面并无遮障之处，远远里有一点灯火，明灭无常，森然有些鬼气。天花板里，又有许多虫鼠，息栗索落的在那里争食。窗外有几株梧桐，微风动叶，飒飒的响动不已，因为他住在二层楼上，所以梧桐的叶战声，近在他的耳边。他觉得害怕起来，几乎要哭出来了。他对于都市的怀乡病（Nostalgia）从未有比那一晚更甚的。

学校开了课，他朋友也渐渐儿的多起来。感受性非常强烈的他的性情，也同天空大地丛林野水融和了。不上半年，他竟变成了一个大自然的宠儿，一刻也离不了那天然的野趣了。

他的学校是在N市外，刚才说过市的附近是一大平原，所以四边的地平线，界限广大的很。那时候日本的工业还没有十分发达，人口也还没有增加得同目下一样，所以他的学校的近边，还多是丛林空地，小阜低岗。除了几家与学生做买卖的文房具店及菜馆之外，附近并没有居民。荒野的人间，只有几家为学生设的旅馆，同晓天的星影似的，散缀在麦田瓜地的中央。晚饭毕后，披了黑呢的缦斗（斗篷），拿了爱读的书，在迟迟不落的夕照中间，散步逍遥，是非常快乐的。他的田园趣味，大约也是在这 Idyllic Wanderings① 的中间养成的。

在生活竞争不十分猛烈，逍遥自在，同中古时代一样的时候，在风气纯良，不与市井小人同处，清闲雅淡的地方，过日子正如做梦一样。他到了N市之后，转瞬之间，已经有半年多了。

熏风日夜的吹来，草色渐渐儿的绿起来，旅馆近旁麦田里的麦穗，也一寸一寸的长起来了。草木虫鱼都化育起来，

① 田园诗般的流浪。

他的从始祖传来的苦闷也一日一日的增长起来，他每天早晨，在被窝里犯的罪恶，也一次一次的加起来了。

他本来是一个非常爱高尚爱洁净的人，然而一到了这邪念发生的时候，他的智力也无用了，他的良心也麻痹了，他从小服膺的“身体发肤不敢毁伤”的圣训，也不能顾全了。他犯了罪之后，每深自痛悔，切齿的说，下次总不再犯了，然则到了第二天的那个时候，种种幻想，又活泼泼的到他的眼前来。他平时所看见的“伊扶”的遗类，都赤裸裸的来引诱他。中年以后的妇人的形体，在他的脑里，比处女更有挑发他情动的地方。他苦闷一场，恶斗一场，终究不得不做她们的俘虏。这样的一次成了两次，两次之后，就成了习惯了。他犯罪之后，每到图书馆里去翻出医书来看，医书上都千篇一律的说，于身体最有害的就是这一种犯罪。从此之后，他的恐惧心也一天一天地增加起来了。有一天他不知道从什么地方得来的消息，好像是一本书上说，俄国近代文学的创设者 Gogol 也犯这一宗病，他到死竟没有改过来，他想到了郭歌里，心里就宽了一宽，因为这《死了的灵魂》的著者，也是同他一样的。然而这不过自家对自家的宽慰而已，他的胸里，总有一种非常的忧虑存在那里。

因为他是非常爱洁净的，所以他每天总要去洗澡一次，因为他是非常爱惜身体的，所以他每天总要去吃几个生鸡子和牛乳；然而他去洗澡或吃牛乳鸡子的时候，他总觉得惭愧得很，因为这都是他的犯罪的证据。

他觉得身体一天一天的衰弱起来，记忆力也一天一天的减退了，他又渐渐儿的生了一种怕见人面的心思，见了妇人女子的时候，他觉得更加难受。学校的教科书，也渐渐的嫌恶起来，法国自然派的小说，和中国那几本有名的诲淫小说，他念了又念，几乎记熟了。

有时候他忽然做出一首好诗来，他自家便喜欢得非常，以为他的脑力还没有破坏。那时候他每对着自家起誓说："我的脑力还可以使得，还能做得出这样的诗，我以后决不再犯罪了。过去的事实是没法，我以后总不再犯罪了。若从此自新，我的脑力，还是很可以的。"

然而一到了紧迫的时候，他的誓言又忘了。

每礼拜四五，或每月的二十六七的时候，他索性尽意的贪起欢来。他的心里想，自下礼拜一或下月初一起，我总不犯罪了。有时候正合到礼拜六或月底的晚上，去剃头洗澡去，以为这就是改过自新的记号，然而过几天他又不得不吃鸡子和牛乳了。

他的自责心同恐惧心，竟一日也不使他安闲，他的忧郁症也从此厉害起来了。这样的状态继续了一二个月，他的学校里就放了暑假，暑假的两个月内，他受的苦闷，更甚于平时；到了学校开课的时候，他的两颊的颧骨更高起来，他的青灰色的眼窝更大起来，他的一双灵活的瞳人，变了同死鱼眼睛一样了。

五

秋天又到了。浩浩的苍空，一天一天的高起来。他的旅馆旁边的稻田，都带起黄金色来。朝夕的凉风，同刀也似的刺到人的心骨里去，大约秋冬的佳日，来也不远了。

一礼拜前的有一天午后，他拿了一本 Wordsworth 的诗集，在田塍路上逍遥漫步了半天。从那一天以后，他的循环性的忧郁症，尚未离他的身过。前几天在路上遇着的那两个女学生，常在他的脑里，不使他安静，想起那一天的事情，他还是一个人要红起脸来。

他近来无论上什么地方去，总觉得有坐立难安的样子。他上学校去的时候，觉得他的日本同学都似在那里排斥他。他的几个中国同学，也许久不去寻访了，因为去寻访了回来，他心里反觉得空虚。因为他的几个中国同学，怎么也不能理解他的心理。他去寻访的时候，总想得些同情回来的，然而到了那里，谈了几句以后，他又不得不自悔寻访错了。有时候和朋友讲得投机，他就任了一时的热意，把他的内外的生活都对朋友讲了出来，然而到了归途，他又自悔失言，心里的责备，倒反比不去访友的时候，更加厉害。他的几个中国朋友，因此都说他是染了神经病了。他听了这话之后，对了那几个中国同学，也同对日本学生一样，起了一种复仇的心。他同他的几个中国同学，一日一日的疏远起来。嗣后虽在路上，或在学校里遇见的时候，他同那几个中国同学，也不点头招呼。中国留学生开会的时候，他当然是不去出席的。因此他同他的几个同胞，竟宛然成了两家仇敌。

他的中国同学的里边，也有一个很奇怪的人，因为他自家的结婚有些道德上的罪恶，所以他专喜讲人家的丑事，以掩己之不善，说他是神经病，也是这一位同学说的。

他交游离绝之后，孤冷得几乎到将死的地步，幸而他住的旅馆里，还有一个主人的女儿，可以牵引他的心，否则他真只能自杀了。他旅馆的主人的女儿，今年正是十七岁，长方的脸儿，眼睛大得很，笑起来的时候，面上有两颗笑靥，嘴里有一颗金牙看得出来，因为她自家觉得她自家的笑容是非常可爱，所以她平时常在那里弄笑。

他心里虽然非常爱她，然而她送饭来或来替他铺被的时候，他总装出一种兀不可犯的样子来。他心里虽想对她讲几句话，然而一见了她，他总不能开口。她进他房里来的时候，他的呼吸竟急促到吐气不出的地步。他在她的面前实在是受苦不起了，所以近来她进他的房里来的时候，他每不得不跑出房外去。然而他思慕她的心情，却 天 天的浓厚起来。有一天礼拜六的晚上，旅馆里的学生，都上N市去行乐去了。他因为经济困难，所以吃了晚饭，上西面池上去走了一回，就回到旅舍里来枯坐。

回家来坐了一会，他觉得那空旷的二层楼上，只有他一个人在家。静悄悄的坐了半晌，坐得不耐烦起来的时候，他又想跑出外面去。然而要跑出外面去，不得不由主人的房门口经过，因为主人和他女儿的房，就在大门的边上。他记得刚才进来的时候，主人和他的女儿正在那里吃饭。他一想到经过她面前的时候的苦楚，就把跑出外面去的心思丢了。

拿出了一本 G. Gissing[①] 的小说来读了三四页之后，静寂的空气里，忽然传了几声沙沙的泼水声音过来。他静静儿的听了一听，呼吸又一霎时的急了起来，面色也涨红了。迟疑了一会，他就轻轻的开了房门，拖鞋也不拖，幽脚幽手的走下扶梯去。轻轻的开了便所的门，他尽兀自的站在便所的玻璃窗口偷看。原来他旅馆里的浴室，就在便所的间壁，从便所的玻琉窗看去，浴室里的动静了了可看。他起初以为看一看就可以走的，然而到了一看之后，他竟同被钉子钉住的一样，动也不能动了。

那一双雪样的乳峰！

那一双肥白的大腿！

这全身的曲线！

呼气也不呼，仔仔细细的看了一会，他面上的筋肉，都发起痉挛来了。愈看愈颤得厉害，他那发颤的前额部竟同玻琉窗冲击了一下。被蒸气包住的那赤裸裸的“伊扶”便发了娇声问说：

“是谁呀？……”

---

① 乔治·吉辛，英国小说家、散文家。

他一声也不响，急忙跳出了便所，就三脚两步的跑上楼上去了。

他跑到了房里，面上同火烧的一样，口也干渴了。一边他自家打自家的嘴巴，一边就把他的被窝拿出来睡了。他在被窝里翻来覆去，总睡不着，便立起了两耳，听起楼下的动静来。他听听泼水的声音也息了，浴室的门开了之后，他听见她的脚步声好像是走上楼来的样子。用被包着了头，他心里的耳朵明明告诉他说：

"她已经立在门外了。"

他觉得全身的血液，都在往上奔注的样子。心里怕得非常，羞得非常，也喜欢得非常。然而若有人问他，他无论如何，总不肯承认说，这时候他是喜欢的。

他屏住了气息，尖着了两耳听了一会，觉得门外并无动静，又故意咳嗽了一声，门外亦无声响。他正在那里疑惑的时候，忽听见她的声音，在楼下同她的父亲在那里说话。他手里捏了一把冷汗，拼命想听出她的话来，然而无论如何总听不清楚。停了一会，她的父亲高声笑了起来，他把被蒙头的一罩，咬紧了牙齿说：

"她告诉了他了！她告诉了他了！"

这一天的晚上他一睡也不曾睡着。第二天的早晨，天亮的时候，他就惊心吊胆的走下楼来。洗了手面，刷了牙，趁主人和他的女儿还没有起来之先，他就同逃也似的出了那个旅馆，跑到外面来。

官道上的沙尘，染了朝露，还未曾干着。太阳已经起来了。他不问皂白，便一直的往东走去，远远有一个农夫，拖了一车野菜慢慢的走来。那农夫同他擦过的时候，忽然对他说：

“你早啊!”

他倒惊了一跳，那清瘦的脸上，又起了一层红潮，胸前又乱跳起来，他心里想：

“难道这农夫也知道了么?”

无头无脑的跑了好久，他回转头来看看他的学校，已经远得很了，举头看看，太阳也升高了。他摸摸表看，那银饼大的表，也不在身边。从太阳的角度看起来，大约已经是九点钟前后的样子。他虽然觉得饥饿得很，然而无论如何，总不愿意再回到那旅馆里去，同主人和他的女儿相见。想去买些零食充一充饥，然而他摸摸自家的袋看，袋里只剩了一角二分钱在那里。他到一家乡下的杂货店内，尽那一角二分钱，买了些零碎的食物，想去寻一处无人看见的地方去吃。走到了一处两路交叉的十字路口，他朝南的一望，只见与他的去路横交的那一条自北趋南的路上，行人稀少得很。那一条路是向南的斜低下去的，两面更有高壁在那里，他知道这路是从一条小山中开辟出来的。他刚才走来的那条大道，便是这山的岭脊，十字路当作了中心，与岭脊上的那条大道相交的横路，是两边低斜下去的。在十字路口迟疑了一会，他就取了那一条向南斜下的路走去。走尽了两面的高壁，他的去路就穿入大平原去，直通到彼岸的市内。平原的彼岸有一簇深林，划在碧空的心里，他心里想：

“这大约就是A神宫了。”

他走尽了两面的高壁，向左手斜面上一望，见沿高壁的那山面上有一道女墙，围住着几间茅舍，茅舍的门上悬着了“香雪海”三字的一方匾额。他离开了正路，走上几步，到那女墙的门前，顺手的向门一推，那两扇柴门竟自开了。他就随随便便的踏了进去。门内有一条曲径，自门口通过了斜面，直达到山上去的。曲径的两旁，有许多老苍的梅树种在那里，他知道这就是梅林了。顺了那一条曲径，往北的从斜面上走到山顶的时候，一片同图画似的平地，展开在他的眼前。这园自从山脚上起，跨有朝南的半山斜面，同顶上的一块平地，布置得非常幽雅。

山顶平地的西面是千仞的绝壁，与隔岸的绝壁相对峙，两壁的中间，便是他刚走过的那一条自北趋南的通路。背临着了那绝壁，有一间楼屋，几间平屋造在那里。因为这几间屋，门窗都闭在那里，他所以知道这定是为梅花开日，卖酒食用的。楼屋的前面，有一块草地，草地中间，有几方白石，围成了一个花园，圈子里，卧着一枝老梅，那草地的南尽头，山顶的平正要向南斜下去的地方，有一块石碑立在那里，系记这梅林的历史的。他在碑前的草地上坐下之后，就把买来的零食拿出来吃了。

吃了之后，他兀兀的在草地上坐了一会。四面并无人声，远远的树枝上，时有一声两声的鸟鸣声飞来。他仰起头来看看澄清的碧落，同那皎洁的日轮，觉得四面的树枝房屋，小草飞禽，都一样的在和平的太阳光里，受大自然的化育。他那昨天晚上的犯罪的记忆，正同远海的帆影一般，不知消失到那里去了。

这梅林的平地上和斜面上，叉来叉去的曲径很多。他站起来走来走去的走了一会，方晓得斜面上梅树的中间，更有一间平屋造在那里。从这一间房屋往东走去几步，有眼古井，埋在松叶堆中。他摇摇井上的唧筒看，呷呷的响了几声，却抽不起水来。他心里想：

“这园大约只有梅花开的时候，开放一下，平时总没有人住的。”

到这时他又自言自语的说：

“既然空在这里，我何妨去向园主人去借住借住。”

想定了主意，他就跑下山来，打算去寻园主人去。他将走到门口的时候，却好遇见了一个五十来岁的农夫走进园来。他对那农夫道歉之后，就问他说：

“这园是谁的，你可知道?”

“这园是我经管的。”“你住在什么地方的?”“我住在路的那面。”

一边这样的说，一边那农民指着通路西边的一间小屋给他看。他向西一看，果然在西边的高壁尽头的地方，有一间小屋在那里。他点了点头，又问说：

“你可以把园内的那间楼屋租给我住住么?”

“可是可以的，你只一个人么?”

“我只一个人。”

“那你可不必搬来的。”

“这是什么缘故呢?”

“你们学校里的学生，已经有几次搬来过了，大约都因为冷静不过，住不上十天，就搬走的。”

“我可同别人不同，你但能租给我，我是不怕冷静的。”

“这样那里有不租的道理，你想什么时候搬来?”

“就是今天午后罢。”

“可以的，可以的。”

“请你就替我扫一扫干净，免得搬来之后着忙。”

“可以可以。再会!”

“再会!”

六

搬进了山上梅园之后，他的忧郁症又变起形状来了。

他同他的北京的长兄，为了一些儿细事，竟生起龃龉来。他发了一封长长的信，寄到北京，同他的长兄绝了交。

那一封信发出之后，他呆呆的在楼前草地上想了许多时候。他自家想想看，他便是世界上最不幸的人了。其实这一次的决裂，是发始于他的。同室操戈，事更甚于他姓之相争，自此之后，他恨他的长兄竟同蛇蝎一样，他被他人欺侮的时候，每把他长兄拿出来作比：

“自家的弟兄，尚且如此，何况他人呢！”

他每达到这一个结论的时候，必尽把他长兄待他苛刻的事情，细细回想出来。把各种过去的事迹，列举出来之后，就把他长兄判决是一个恶人，他自家是一个善人。他又把自家的好处列举出来，把他所受的苦处，夸大的细数起来。他证明得自家是一个世界上最苦的人的时候，他的眼泪就同瀑布似的流下来。他在那里哭的时候，空中好像有一种柔和的声音在对他说：

“啊呀，哭的是你么？那真是冤屈了你了。像你这样的善人，受世人的那样的虐待，这可真是冤屈了你了。罢了罢了，这也是天命，你别再哭了，怕伤害了你的身体！”

他心里一听到这一种声音，就舒畅起来。他觉得悲苦的中间，也有无穷的甘味在那里。

他因为想复他长兄的仇，所以就把所学的医科丢弃了，改入文科里去，他的意思，以为医科是他长兄要他改的，仍旧改回文科，就是对他长兄宣战的一种明示。并且他由医科改入文科，在高等学校须迟卒业一年。他心里想，迟卒业一年，就是早死一岁，你若因此迟了一年，就到死可以对你长兄含一种敌意。因为他恐怕一二年之后，他们兄弟两人的感情，仍旧要和好起来；所以这一次的转科，便是帮他永久敌视他长兄的一个手段。

气候渐渐儿的寒冷起来，他搬上山来之后，已经有一个月了，几日来天气阴郁，灰色的层云，天天挂在空中。寒冷的北风吹来的时候，梅林的树叶，每息索息索的飞掉下来。初搬来的时候，他卖了些旧书，买了许多烩饭的器具，自家烧了一个月饭，因为天冷了，他也懒得烧了。他每天的伙食，就一切包给了山脚下的园丁家包办，所以他近来只同退院的闲僧一样，除了怨人骂己之外，更没有别的事情了。

有一天早晨，他侵早的起来，把朝东的窗门开了之后，他看见前面的地平线上有几缕红云，在那里浮荡。东天半角，反照出一种银红的灰色。因为昨天下了一天微雨，所以他看了这清新的旭日，比平日更添了几分欢喜。他走到山的斜面上，从那古井里汲了水，洗了手面之后，觉得满身的气力，一霎时都回复了转来的样子。他便跑上楼去，拿了一本黄仲则的诗集下来，一边高声朗读，一边尽在那梅林的曲径里，跑来跑去的跑圈子。不多一会，太阳起来了。

从他住的山顶向南方看去，眼下看得出一大平原。平原里的稻田，都尚未收割起。金黄的谷色，以绀碧的天空作了背景，反映着一天太阳的晨光，那风景正同看密来（Millet）的田园清画一般。他觉得自家好像已经变了几千年前的原始基督教徒的样子，对了这自然的默示，他不觉笑起自家的气量狭小起来。

“赦饶了！赦饶了！你们世人得罪于我的地方，我都饶赦了你们罢，来，你们来，都来同我讲和罢！”手里拿着了那一本诗集，眼里浮着了两泓清泪，正对了那平原的秋色，呆呆的立在那里想这些事情的时候，他忽听见他的近边，有两人在那里低声的说：

“今晚上你一定要来的哩！”

这分明是男子的声音。

“我是非常想来的，但是恐怕……”

他听了这娇滴滴的女子的声音之后，好像是被电气贯穿了的样子，觉得自家的血液循环都停止了。原来他的身边有一丛长大的苇草生在那里，他立在苇草的右面，那一对男女，大约是在苇草的左面，所以他们两个还不晓得隔着苇草，有人站在那里。那男人又说：

“你心真好，请你今晚上来罢，我们到如今还没在被窝里睡过觉。”

“………”

他忽然听见两人的嘴唇，灼灼的好像在那里吮吸的样子。

他同偷了食的野狗一样，就惊心吊胆的把身子屈倒去听了。“你去死罢，你去死罢，你怎么会下流到这样的地步！”

他心里虽然如此的在那里痛骂自己，然而他那一双尖着的耳朵，却一言半语也不愿意遗漏，用了全副精神在那里听着。

地上的落叶索息索息的响了一下。

解衣带的声音。

男人嘶嘶的吐了几口气。

舌尖吮吸的声音。

女人半轻半重，断断续续的说：

“你！……你！……你快……快××罢。……别……别……别被人……被人看见了。”

他的面色，一霎时的变了灰色了。他的眼睛同火也似的红了起来。他的上颚骨同下颚骨呷呷的发起颤来。他再也站不住了。他想跑开去，但是他的两只脚，总不听他的话。他苦闷了一场，听听两人出去了之后，就同落水的猫狗一样，回到楼上房里去，拿出被窝来睡了。

七

他饭也不吃，一直在被窝里睡到午后四点钟的时候才起来。那时候夕阳洒满了远近。平原的彼岸的树林里，有一带苍烟，悠悠扬扬的笼罩在那里。他踉踉跄跄的走下了山，上了那一条自北趋南的大道，穿过了那平原，无头无绪的尽是向南的走去。走尽了平原，他已经到了神宫前的电车停留处了。那时候却好从南面有一乘电车到来，他不知不觉就跳了上去，既不知道他究竟为什么要乘电车，也不知道这电车是往什么地方去的。

走了十五六分钟，电车停了，运车的教他换车，他就换了一乘车。走了二三十分钟，电车又停了，他听见说是终点了，他就走了下来。他的前面就是筑港了。

前面一片汪洋的大海，横在午后的太阳光里，在那里微笑。超海而南有一条青山，隐隐的浮在透明的空气里，西边是一脉长堤，直驰到海湾的心里去。堤外有一处灯台，同巨人似的，立在那里。几艘空船和几只舢板，轻轻的在系着的地方浮荡。海中近岸的地方，有许多浮标，饱受了斜阳，红红的浮在那里。远处风来，带着几句单调的话声，既听不清楚是什么话，也不知道是从那里来的。

他在岸边上走来走去走了一会，忽听见那一边传过了一阵击磬的声来。他跑过去一看，原来是为唤渡船而发的。他立了一会，看有一只小火轮从对岸过来了。跟着了一个四五十岁的工人，他也进了那只小火轮去坐下了。

渡到东岸之后，上前走了几步，他看见靠岸有一家大庄子在那里。大门开得很大，庭内的假山花草，布置得楚楚可爱。他不问是非，就踱了进去。走不上几步，他忽听得前面家中有女人的娇声叫他说：

“请进来呀!”

他不觉惊了一下，就呆呆的站住了。他心里想：

“这大约就是卖酒食的人家，但是我听见说，这样的地方，总有妓女在那里的。”

一想到这里，他的精神就抖擞起来，好像是一桶冷水浇上身来的样子。他的面色立时变了。要想进去又不能进去，要想出来又不得出来；可怜他那同兔儿似的小胆，同猿猴似的淫心，竟把他陷到一个大大的难境里去了。

“进来吓！请进来吓！”

里面又娇滴滴的叫了起来，带着笑声。

“可恶东西，你们竟敢欺我胆小么？”

这样的怒了一下，他的面色更同火也似的烧了起来。咬紧了牙齿，把脚在地上轻轻的蹬了一蹬，他就捏了两个拳头，向前进去，好像是对了那几个年轻的侍女宣战的样子。但是他那青一阵红一阵的面色，和他的面上的微微儿在那里震动的筋肉，总隐藏不过。他走到那几个侍女的面前的时候，几乎要同小孩似的哭出来了。

“请上来！”

“请上来！”

他硬了头皮，跟了一个十七八岁的侍女走上楼去，那时候他的精神已经有些镇静下来了。走了几步，经过一条暗暗的夹道的时候，一阵恼人的花粉香气，同日本女人特有的一种肉的香味，和头发上的香油气息合作了一处，哼的扑上他的鼻孔来。他立刻觉得头晕起来，眼睛里看见了几颗火星，向后边跌也似的退了一步。他再定睛一看，只见他的前面黑暗暗的中间，有一长圆形的女人的粉面，堆着了微笑，在那里问他说：

“你！你还是上靠海的地方呢？还是怎样？”

他觉得女人口里吐出来的气息，也热和和的哼上他的面来。他不知不觉把这气息深深的吸了一口。他的意识，感觉到他这行为的时候，他的面色又立刻红了起来。他不得已只能含含糊糊的答应她说：

“上靠海的房间里去。”

进了一间靠海的小房间，那侍女便问他要什么菜。他就回答说：

“随便拿几样来罢。”

“酒要不要？”

“要的。”

那侍女出去之后，他就站起来推开了纸窗，从外边放了一阵空气进来。因为房里的空气，沉浊得很，他刚才在夹道中闻过的那一阵女人的香味，还剩在那里，他实在是被这一阵气味压迫不过了。

一湾大海，静静的浮在他的面前。外边好像是起了微风的样子，一片一片地海浪，受了阳光的返照，同金鱼的鱼鳞似的，在那里微动。他立在窗前看了一会，低声的吟了一句诗出来：

“夕阳红上海边楼。”

他向西的一望，见太阳离西南的地平线只有一丈多高了。呆呆的看了一会，他的心想怎么也离不开刚才的那个侍女。她的口里的头上的面上的和身体上的那一种香味，怎么也不容他的心思去想别的东西。他才知道他想吟诗的心是假的，想女人的肉体的心是真的了。

停了一会，那侍女把酒菜搬了进来，跪坐在他的面前，亲亲热热的替他上酒。他心里想仔仔细细的看她一看，把他的心里的苦闷都告诉了她，然而他的眼睛怎么也不敢平视她一眼，他的舌根怎么也不能摇动一摇动。他不过同哑子一样，偷看看她那搁在膝上一双纤嫩的白手，同衣缝里露出来的一条粉红的围裙角。

原来日本的妇人都不穿裤子，身上贴肉只围着一条短短的围裙。外边就是一件长袖的衣服，衣服上也没有纽扣，腰里只缚着一条一尺多宽的带子，后面结着一个方结。她们走路的时候，前面的衣服每一步一步的掀开来，所以红色的围裙，同肥白的腿肉，每能偷看。这是日本女子特别的美处；他在路上遇见女子的时候，注意的就是这些地方。他切齿的痛骂自己，畜生！狗贼！卑怯的人！也便是这个时候。

他看了那侍女的围裙角，心头便乱跳起来。愈想同她说话，但愈觉得讲不出话来。大约那侍女是看得不耐烦起来了，便轻轻的问他说：

“你府上是什么地方?”

一听了这一句话，他那清瘦苍白的面上，又起了一层红色；含含糊糊的回答了一声，他呐呐的总说不出清晰的回话来。可怜他又站在断头台上了。

原来日本人轻视中国人，同我们轻视猪狗一样。日本人都叫中国人作“支那人”，这“支那人”三字，在日本，比我们骂人的“贱贼”还更难听，如今在一个如花的少女前头，他不得不自认说“我是支那人”了。

“中国呀中国，你怎么不强大起来！”

他全身发起抖来，他的眼泪又快滚下来了。

那侍女看他发颤发得厉害，就想让他一个人在那里喝酒，好教他把精神安镇安镇，所以对他说：

“酒就快没有了，我再去拿一瓶来罢？”

停了一会他听得那侍女的脚步声又走上楼来。他以为她是上他这里来的，所以就把衣服整了一整，姿势改了一改。但是他被她欺骗了。她原来是领了两三个另外的客人，上间壁的那一间房间里去的。那两三个客人都在那里对那侍女取笑，那侍女也娇滴滴的说：

“别胡闹了，间壁还有客人在那里。”

他听了就立刻发起怒来。他心里骂他们说：

“狗才！俗物！你们都敢来欺侮我么？复仇复仇，我总要复你们的仇。世间那里有真心的女子！那侍女的负心东西，你竟敢把我丢了么？罢了罢了，我再也不爱女人了，我再也不爱女人了。我就爱我的祖国，我就把我的祖国当作了情人罢。”

他马上就想跑回去发愤用功。但是他的心里，却很羡慕那间壁的几个俗物。他的心里，还有一处地方在那里盼望那个侍女再回到他这里来。

他按住了怒，默默的喝干了几杯酒，觉得身上热起来。打开了窗门，他看太阳就快要下山去了。又连饮了几杯，他觉得他面前的海景都朦胧起来。西面堤外的灯台的黑影，长大了许多。一层茫茫的薄雾，把海天融混作了一处。在这一层浑沌不明的薄纱影里，西方的将落不落的太阳，好像在那里惜别的样子。他看了一会，不知道是什么缘故，只觉得好笑。呵呵的笑了一回，他用手擦擦自家那火热的双颊，便自言自语的说：

“醉了醉了！”

那侍女果然进来了。见他红了脸，立在窗口在那里痴笑，便问他说：

“窗开了这样大，你不冷的么？”

“不冷不冷，这样好的落照，谁舍得不看呢？”

“你真是一个诗人呀！酒拿来了。”

“诗人！我本来是一个诗人。你去把纸笔拿了来，我马上写首诗给你看看。”

那侍女出去了之后，他自家觉得奇怪起来。他心里想：“我怎么会变了这样大胆的？”

痛饮了几杯新拿来的热酒，他更觉得快活起来，又禁不得呵呵笑了一阵。他听见间壁房间里的那几个俗物，高声的唱起日本歌来，他也放大了嗓子唱着说：

醉拍阑干酒意寒，江湖寥落又冬残。

剧怜鹦鹉中州骨，未拜长沙太傅官。

一饭千金图报易，几人五噫出关难。

茫茫烟水回头望，也为神州泪暗弹。

高声的念了几遍，他就在席上醉倒了。

八

一醉醒来，他看看自家睡在一条红绸的被里，被上有一种奇怪的香气。这一间房间也不很大，但已不是白天的那一间房间了。房中挂着一盏十烛光的电灯，枕头边上摆着了一壶茶，两只杯子。他倒了二三杯茶，喝了之后，就踉踉跄跄的走到房外去。他开了门，却好白天的那侍女也跑过来了。她问他说：

“你！你醒了么?”

他点了一点头，笑微微的回答说：

“醒了。便所是在什么地方的?”

“我领你去罢。”

他就跟了她去。他走过日间的那条夹道的时间，电灯点得明亮得很。远近有许多歌唱的声音，三弦的声音，大笑的声音传到他耳朵里来。白天的情节，他都想出来了。一想到酒醉之后，他对那侍女说的那些话的时候，他觉得面上又发起烧来。

从厕所回到房里之后，他问那侍女说：

“这被是你的么?”

侍女笑着说：

“是的。”

“现在是什么时候了？”

“大约是八点四五十分的样子。”

“你去开了账来罢！”

“是。”

他付清了账，又拿了一张纸币给那侍女，他的手不觉微颤起来。那侍女说：“我是不要的。”

他知道她是嫌少了。他的面色又涨红了，袋里摸来摸去，只有一张纸币了，他就拿了出来给她说：“你别嫌少了，请你收了罢。”

他的手震动得更加厉害，他的话声也颤动起来了。那侍女对他看了一眼，就低声的说：

“谢谢！”

他直的跑下了楼，套上了皮鞋，就走到外面来。

外面冷得非常，这一天大约是旧历的初八九的样子。半轮寒月，高挂在天空的左半边。淡青的圆形盖里，也有几点疏星，散在那里。

他在海边上走了一回，看看远岸的渔灯，同鬼火似的在那里招引他。细浪中间，映着了银色的月光，好像是山鬼的眼波，在那里开闭的样子。不知是什么道理，他忽想跳入海里去死了。

他摸摸身边看，乘电车的钱也没有了。想想白天的事情看，他又不得不痛骂自己。

“我怎么会走上那样的地方去的？我已经变了一个最下等的人了。悔也无及，悔也无及。我就在这里死了罢。我所求的爱情，大约是求不到的了。没有爱情的生涯，岂不同死灰一样么？唉，这干燥的生涯，这干燥的生涯，世上的人又都在那里仇视我，欺侮我，连我自家的亲弟兄，自家的手足，都在那里排挤我到这世界外去。我将何以为生，我又何必生存在这多苦的世界里呢！”

想到这里，他的眼泪就连连续续的滴了下来。他那灰白的面色，竟同死人没有分别了。他也不举起手来揩揩眼泪，月光射到他的面上，两条泪线，倒变了叶上的朝露一样放起光来。他回转头来看看他自家的又瘦又长的影子，就觉得心痛起来。

“可怜你这清影，跟了我二十一年，如今这大海就是你的葬身地了，我的身子，虽然被人家欺辱，我可不该累你也瘦弱到这步田地的。影子呀影子，你饶了我罢！”

他向西面一看，那灯台的光，一霎变了红一霎变了绿的在那里尽它的本职。那绿的光射到海面上的时候，海面就现出一条淡青的路来。再向西天一看，他只见西方青苍苍的天底下，有一颗明星，在那里摇动。

“那一颗摇摇不定的明星的底下，就是我的故国。也就是我的生地。我在那一颗星的底下，也曾送过十八个秋冬，我的乡土啊，我如今再也不能见你的面了。”

他一边走着，一边尽在那里自伤自悼的想这些伤心的哀话。

走了一会，再向那西方的明星看了一眼，他的眼泪便同骤雨似的落下来了。他觉得四边的景物，都模糊起来。把眼泪揩了一下，立住了脚，长叹了一声，他便断断续续的说：

“祖国呀祖国！我的死是你害我的！

“你快富起来！强起来罢！

“你还有许多儿女在那里受苦呢！”

春风沉醉的晚上

一

在沪上闲居了半年，因为失业的结果，我的寓所迁移了三处。最初我住在静安寺路南的一间同鸟笼似的永也没有太阳晒着的自由的监房里。这些自由的监房的住民，除了几个同强盗小窃一样的凶恶裁缝之外，都是些可怜的无名文士，我当时所以送了那地方一个 Yellow Grub Street[①] 的称号。在这 Grub Street 里住了一个月，房租忽涨了价，我就不得不拖了几本破书，搬上跑马厅附近一家相识的栈房里去。后来在这栈房里又受了种种逼迫，不得不搬了，我便在外白渡桥北岸的邓脱路中间，日新里对面的贫民窟里，寻了一间小小的房间，迁移了过去。

邓脱路的这几排房子，从地上量到屋顶，只有一丈几尺高。我住的楼上的那间房间，更是矮小得不堪。若站在楼板上升一升懒腰，两只手就要把灰黑的屋顶穿通的。从前面的巷里踱进了那房子的门，便是房主的住房。在破布洋铁罐玻璃瓶旧铁器堆满的中间，侧着身子走进两步，就有一张中间有几根横档跌落的梯子靠墙摆在那里。用了这张梯子往上面

① 黄种人寒士街。

的黑黝黝的一个二尺宽的洞里一接，即能走上楼去。黑沉沉的这层楼上，本来只有猫额那样大，房主人却把它隔成了两间小房，外面一间是一个N烟公司的女工住在那里，我所租的是梯子口头的那间小房，因为外间的住者要从我的房里出入，所以我的每月的房租要比外间的便宜几角小洋。

我的房主，是一个五十来岁的弯腰老人。他的脸上的青黄色里，映射着一层暗黑的油光。两只眼睛是一只大一只小，颧骨很高，额上颊上的几条皱纹里满砌着煤灰，好像每天早晨洗也洗不掉的样子。他每日于八九点钟的时候起来，咳嗽一阵，便挑了一双竹篮出去，到午后的三四点钟总仍旧是挑了一双空篮回来的，有时挑了满担回来的时候，他的竹篮里便是那些破布破铁器玻璃瓶之类。像这样的晚上，他必要去买些酒来喝喝，一个人坐在床沿上瞎骂出许多不可捉摸的话来。

我与间壁的同寓者的第一次相遇，是在搬来的那天午后。春天的急景已经快晚了的五点钟的时候，我点了一支蜡烛，在那里安放几本刚从栈房里搬过来的破书。先把它们叠成了两方堆，一堆小些，一堆大些，然后把两个二尺长的装画的画架覆在大一点的那堆书上。因为我的器具都卖完了，这一堆书和画架白天要当写字台，晚上可当床睡的。摆好了画架的板，我就朝着了这张由书叠成的桌子，坐在小一点的那堆书上吸烟，我的背系朝着梯子的接口的。我一边吸烟，一边在那里呆看放在桌上的蜡烛火，忽而听见梯子口上起了响动。回头一看，我只见了一个自家的扩大的投射影子，此外什么也辨不出来，但我的听觉分明告诉我说：“有人上来了。”我向暗中凝视了几秒钟，一个圆形灰白的面貌，半截纤细的女人的身体，方才映到我的眼帘上来。一见了她的容貌我就知道她是我的间壁的同居者了。因为我来找房子的时候，那房主的老人便告诉我说，这屋里除了他一个人外，楼上只住着一个女工。我一则喜欢房价的便宜，二则喜欢这屋里没有别的女人小孩，所以立刻就租定了的。等她走上了梯子，我才站起来对她点了点头说：

“对不起，我是今朝才搬来的，以后要请你照应。”

她听了我这话，也并不回答，放了一双漆黑的大眼，对我深深的看了一眼，就走上她的门口去开了锁，进房去了。我与她不过这样的见了一面，不晓是什么原因，我只觉得她是一个可怜的女子。她的高高的鼻梁，灰白长圆的面貌，清瘦不高的身体，好像都是表明她是可怜的特征，但是当时正为了生活问题在那里操心的我，也无暇去怜惜这还未曾失业的女工，过了几分钟我又动也不动的坐在那一小堆书上看蜡烛光了。

在这贫民窟里过了一个多礼拜，她每天早晨七点钟去上工和午后六点多钟下工回来，总只见我呆呆的对着了蜡烛或油灯坐在那堆书上。大约她的好奇心被我那痴不痴呆不呆的态度挑动了罢。有一天她下了工走上楼来的时候，我依旧和第一天一样的站起来让她过去。她走到了我的身边忽而停住了脚。看了我一眼，吞吞吐吐好像怕什么似的问我说：

“你天天在这里看的是什么书？”

（她操的是柔和的苏州音，听了这一种声音以后的感觉，是怎么也写不出来的，所以我只能把她的言语译成普通的白话。）

我听了她的话，反而脸上涨红了。因为我天天呆坐在那里，面前虽则有几本外国书摊着，其实我的脑筋昏乱得很，就是一行一句也看不进去。有时候我只用了想象在书的上一行与下一行中间的空白里，填些奇异的模型进去。有时候我只把书里边的插画翻开来看看，就了那些插画演绎些不近人情的幻想出来。我那时候的身体因为失眠与营养不良的结果，实际上已经成了病的状态了。况且又因为我的唯一的财产的一件棉袍子已经破得不堪，白天不能走出外面去散步和房里全没有光线进来，不论白天晚上，都要点着油灯或蜡烛的缘故，非但我的全部健康不如常人，就是我的眼睛和脚力，也局部的非常萎缩了。在这样状态下的我，听了她这一问，如何能够不红起脸来呢？所以我只是含含糊糊的回答说：

“我并不在看书，不过什么也不做呆坐在这里，样子一定不好看，所以把这几本书摊放着的。”

她听了这话，又深深的看了我一眼，作了一种不解的形容，依旧的走到她的房里去了。

那几天里，若说我完全什么事情也不去找什么事情也不曾干，却是假的。有时候，我的脑筋稍微清新一点，也曾译过几首英法的小诗，和几篇不满四千字的德国的短篇小说，于晚上大家睡熟的时候，不声不响的出去投邮，寄投给各新开的书局。因为当时我的各方面就职的希望，早已经完全断绝了，只有这一方面，还能靠了我的枯燥的脑筋，想想法子看。万一中了他们编辑先生的意，把我译的东西登了出来，也不难得着几块钱的酬报。所以我自迁移到邓脱路以后，当她第一次同我讲话的时候，这样的译稿已经发出了三四次了。

二

在乱昏昏的上海租界里住着，四季的变迁和日子的过去是不容易觉得的。我搬到了邓脱路的贫民窟之后，只觉得身上穿在那里的那件破棉袍子一天一天的重了起来，热了起来，所以我心里想：

“大约春光也已经老透了罢!”

但是囊中很羞涩的我，也不能上什么地方去旅行一次，日夜只是在那暗室的灯光下呆坐。在一天大约是午后了，我也是这样的坐在那里，间壁的同住者忽而手里拿了两包用纸包好的物件走了上来，我站起来让她走的时候，她把手里的纸包放了一包在我的书桌上说：

“这一包是葡萄浆的面包，请你收藏着，明天好吃的。另外我还有一包香蕉买在这里，请你到我房里来一道吃罢!”

我替她拿住了纸包，她就开了门邀我进她的房里去，共住了这十几天，她好像已经信用我是一个忠厚的人的样子。我见她初见我的时候脸上流露出来的那一种疑惧的形容完全没有了。我进了她的房里，才知道天还未暗，因为她的房里有一扇朝南的窗，太阳返射的光线从这窗里投射进来，照见了小小的一间房，由二条板铺成的一张床，一张黑漆的半桌，一只板箱，和一条圆凳。床上虽则没有帐子，但堆着有二条洁净的青布被褥。半桌上有一只小洋铁箱摆在那里，大约是她的梳头器具，洋铁箱上已经有许多油污的点子了。她一边把堆在圆凳上的几件半旧的洋布棉袄，粗布裤等收在床上，一边就让我坐下。我看了她那殷勤待我的样子，心里倒不好意思起来，所以就对她说：

"我们本来住在一处，何必这样的客气。"

"我并不客气，但是你每天当我回来的时候，总站起来让我，我却觉得对不起得很。"

这样的说着，她就把一包香蕉打开来让我吃。她自家也拿了一只，在床上坐下，一边吃一边问我说：

"你何以只住在家里，不出去找点事情做做?"

"我原是这样的想，但是找来找去总找不着事情。"

"你有朋友么?"

"朋友是有的，但是到了这样的时候，他们都不和我来往了。"

"你进过学堂么?"

“我在外国的学堂里曾经念过几年书。”

“你家在什么地方？何以不回家去？”

她问到了这里，我忽而感觉到我自己的现状了。因为自去年以来，我只是一日一日的萎靡下去，差不多把“我是什么人？”“我现在所处的是怎么一种境遇？”“我的心里还是悲还是喜？”这些观念都忘掉了。经她这一问，我重新把半年来困苦的情形一层一层的想了出来。所以听她的问话以后，我只是呆呆的看她，半晌说不出话来。她看了我这个样子，以为我也是一个无家可归的流浪人。脸上就立时起了一种孤寂的表情，微微的叹着说：

“唉！你也是同我一样的么？”

微微的叹了一声之后，她就不说话了。我看她的眼圈上有些潮红起来，所以就想了一个另外的问题问她说：

“你在工厂里做的是什么工作？”

“是包纸烟的。”

“一天作几个钟头工？”

“早晨七点钟起，晚上六点钟止，中午休息一个钟头，每天一共要作十个钟头的工。少作一点钟就要扣钱的。”

“扣多少钱？”

“每月九块钱，所以是三块钱十天，三分大洋一个钟头。”

“饭钱多少？”

“四块钱一月。”

“这样算起来，每月一个钟点也不休息，除了饭钱，可省下五块钱来。够你付房钱买衣服的么?”

“哪里够呢！并且那管理人要……啊啊！我……我所以非常恨工厂的。你吃烟的么?”

“吃的。”

“我劝你顶好还是不吃。就吃也不要去吃我们工厂的烟。我真恨死它在这里。”

我看看她那一种切齿怨恨的样子，就不愿意再说下去。把手里捏着的半个吃剩的香蕉咬了几口，向四边一看，觉得她的房里也有些灰黑了，我站起来道了谢，就走回到了我自己的房里。她大约作工倦了的缘故，每天回来大概是马上就入睡的，只有这一晚上，她在房里好像是直到半夜还没有就寝。从这一回之后，她每天回来，总和我说几句话。我从她自家的口里听得，知道她姓陈，名叫二妹，是苏州东乡人，从小系在上海乡下长大的，她父亲也是纸烟工厂的工人，但是去年秋天死了。她本来和她父亲同住在那间房里，每天同上工厂去的，现在却只剩了她一个人了。她父亲死后的一个多月，她早晨上工厂去也一路哭了去，晚上回来也一路哭了回来的。她今年十七岁，也无兄弟姊妹，也无近亲的亲戚。她父亲死后的葬殓等事，是他于未死之前把十五块钱交给楼下的老人，托这老人包办的。她说：

“楼下的老人倒是一个好人，对我从来没有起过坏心，所以我得同父亲在日一样的去作工，不过工厂的一个姓李的管理人却坏得很，知道我父亲死了，就天天的想戏弄我。”

她自家和她父亲的身世，我差不多全知道了，但她母亲是如何的一个人？死了呢还是活在哪里？假使还活着，住在什么地方？等等，她却从来还没有说及过。

三

天气好像变了。几日来我那独有的世界，黑暗的小房里的腐浊的空气，同蒸笼里的蒸气一样，蒸得人头昏欲晕，我每年在春夏之交要发的神经衰弱的重症，遇了这样的气候，就要使我变成半狂。所以我这几天来到了晚上，等马路上人静之后，也常常想出去散步去。一个人在马路上从狭隘的深蓝天空里看看群星，慢慢的向前行走，一边作些漫无涯涘的空想，倒是于我的身体很有利益。当这样的无可奈何，春风沉醉的晚上，我每要在各处乱走，走到天将明的时候才回家里。我这样的走倦了回去就睡，一睡直可睡到第二天的日中，有几次竟要睡到二妹下工回来的前后方才起来，睡眠一足，我的健康状态也渐渐的回复起来了。平时只能消化半磅面包的我的胃部，自从我的深夜游行的练习开始之后，进步得几乎能容纳面包一磅了。这事在经济上虽则是一大打击，但我的脑筋，受了这些滋养，似乎比从前稍能统一。我于游行回来之后，就睡之前，却做成了几篇 Allan Poe[①] 式的短

① 爱伦·坡，美国诗人、小说家。

篇小说，自家看看，也不很坏。我改了几次，抄了几次，一一投邮寄出之后，心里虽然起了些微细的希望，但是想想前几回的译稿的绝无消息，过了几天，也便把它们忘了。

邻住者的二妹，这几天来，当她早晨出去上工的时候，我总在那里酣睡，只有午后下工回来的时候，有几次有见面的机会，但是不晓是什么原因，我觉得她对我的态度，又回到从前初见面的时候的疑惧状态去了。有时候她深深的看我一眼，她的黑晶晶，水汪汪的眼睛里，似乎是满含着责备我规劝我的意思。

我搬到这贫民窟里住后，约莫已经有二十多天的样子，一天午后我正点上蜡烛，在那里看一本从旧书铺里买来的小说的时候，二妹却急急忙忙的走上楼来对我说：

“楼下有一个送信的在那里，要你拿了印子去拿信。”她对我讲这话的时候，她的疑惧我的态度更表示得明显，她好像在那里说：“呵呵！你的事件是发觉了啊！”我对她这种态度，心里非常痛恨，所以就气急了一点，回答她说：

“我有什么信？不是我的！”

她听了我这气愤愤的回答，更好像是得了胜利似的，脸上忽涌出了一种冷笑说：

“你自家去看罢！你的事情，只有你自家知道的！”

同时我听见楼低下门口果真有一个邮差似的人在催着说：

“挂号信！”

我把信取来一看，心里就突突的跳了几跳，原来我前回寄去的一篇德文短篇的译稿，已经在某杂志上发表了，信中寄来的是五圆钱的一张汇票。我囊里正是将空的时候，有了这五圆钱，非但月底要预付的来月的房金可以无忧，并且付过房金以后，还可以维持几天食料，当时这五圆钱对我的效用的扩大，是谁也能推想得出来的。

第二天午后，我上邮局去取了钱，在太阳晒着的大街上走了一会，忽而觉得身上就淋出了许多汗来。我向我前后左右的行人一看，复向我自家的身上一看，就不知不觉的把头低俯了下去。我颈上头上的汗珠，更同盛雨似的，一颗一颗的钻出来了。因为当我在深夜游行的时候，天上并没有太阳，并且料峭的春寒，于东方微白的残夜，老在静寂的街巷中留着，所以我穿的那件破棉袍子，还觉得不十分与节季违异。如今到了阳和的春日晒着的这日中，我还不能自觉，依旧穿了这件夜游的敝袍，在大街上阔步，与前后左右的和节季同时进行的我的同类一比，我那得不自惭形秽呢？我一时竟忘了几日后不得不付的房金，忘了囊中本来将尽的些微的积聚，便慢慢的走上了闸路的估衣铺去。好久不在天日之下行走的我，看看街上来往的汽车人力车，车中坐着的华美的少年男女，和马路两边的绸缎铺金银铺窗里的丰丽的陈设，听听四面的同蜂衙似的嘈杂的人声，脚步声，车铃声，一时倒也觉得是身到了大罗天上的样子。我忘记了我自家的存在，也想和我的同胞一样的欢歌欣舞起来，我的嘴里便不知不觉的唱起几句久忘了的京调来了。这一时的涅槃幻境，当我想横越过马路，转入闸路去的时候，忽而被一阵铃声惊破了。我抬起头来一看，我的面前正冲来了一乘无轨电车，车头上站着的那肥胖的机器手，伏出了半身，怒目的大声骂我说：

“猪头三！侬（你）艾（眼）睛勿散（生）咯！跌杀时，叫旺（黄）够（狗）来抵侬（你）命噢！”

我呆呆的站住了脚，目送那无轨电车尾后卷起了一道灰尘，向北过去之后，不知是从何处发出来的感情，忽而竟禁不住哈哈哈哈的笑了几声。等得四面的人注视我的时候，我才红了脸慢慢的走向了闸路里去。

我在几家估衣铺里，问了些夹衫的价钱，还了他们一个我所能出的数目，几个估衣铺的店员，好像是一个师父教出的样子，都摆下了脸面，嘲弄着说：

“侬（你）寻萨咯（什么）凯（开心）！马（买）勿起好勿要马（买）咯！”

一直问到五马路边上的一家小铺子里，我看看夹衫是怎么也买不成了，才买定了一件竹布单衫，马上就把它换上。手里拿了一包换下的棉袍子，默默的走回家来。一边我心里却在打算：

“横竖是不够用了，我索性来痛快的用它一下罢。”同时我又想起了那天二妹送我的面包香蕉等物。不等第二次的回想我就寻着了一家卖糖食的店，进去买了一块钱巧格力香蕉糖鸡蛋糕等杂食。站在那店里，等店员在那里替我包好来的时候，我忽而想起我有一月多不洗澡了，今天不如顺便也去洗一个澡罢。

洗好了澡，拿了一包棉袍子和一包糖食，回到邓脱路的时候，马路两旁的店家，已经上电灯了。街上来往的行人也很稀少，一阵从黄浦江上吹来的日暮的凉风，吹得我打了几个冷噤。我回到了我的房里，把蜡烛点上。向二妹的房门一照，知道她还没有回来。那时候我腹中虽则饥饿得很，但我刚买来的那包糖食怎么也不愿意打开来。因为我想等二妹回来同她一道吃。我一边拿出书来看，一边口里尽在咽唾液下去。等了许多时候，二妹终不回来，我的疲倦不知什么时候出来战胜了我，就靠在书堆上睡着了。

四

二妹回来的响动把我惊醒的时候，我见我面前的一支十二盎司一包的洋蜡烛已经点去了二寸的样子，我问她是什么时候了？她说：

“十点的汽管刚刚放过。”

“你何以今天回来得这样迟？”

“厂里因为销路大了，要我们作夜工。工钱是增加的，不过人太累了。”

“那你可以不去做的。”

“但是工人不够，不做是不行的。”

她讲到这里，忽而滚了两粒眼泪出来，我以为她是作工作得倦了，故而动了伤感，一边心里虽在可怜她，但一边看她这同小孩似的脾气，却也感着了些儿快乐。把糖食包打开，请她吃了几颗之后，我就劝她说：

"初作夜工的时候不惯，所以觉得困倦，作惯了以后，也没有什么的。"

她默默的坐在我的半高的由书叠成的桌上，吃了几颗巧格力，对我看了几眼，好像是有话说不出来的样子。我就催她说：

"你有什么话说？"

她又沉默了一会，便断断续续的问我说：

"我……我……早想问你了，这几天晚上，你每晚在外边，可在与坏人作伙友么？"

我听了她这话，倒吃了一惊，她好像在疑我天天晚上在外面与小窃恶棍混在一块。她看我呆了不答，便以为我的行为真的被她看破了，所以就柔柔和和的连续着说：

"你何苦要吃这样好的东西，要穿这样好的衣服。你可知道这事情是靠不住的。万一被人家捉了去，你还有什么面目做人。过去的事情不必去说它，以后我请你改过了罢。……"

我尽是张大了眼睛张大了嘴呆呆的在看她，因为她的思想太奇怪了，使我无从辩解起。她沉默了数秒钟，又接着说：

"就以你吸的烟而论，每天若戒绝了不吸，岂不可省几个铜子。我早就劝你不要吸烟，尤其是不要吸那我所痛恨的N工厂的烟，你总是不听。”

她讲到了这里，又忽而落了几滴眼泪。我知道这是她为怨恨N工厂而滴的眼泪，但我的心里，怎么也不许我这样的想，我总要把它们当作因规劝我而洒的。我静静儿的想了一回，等她的神经镇静下去之后，就把昨天的那封挂号信的来由说给她听，又把今天的取钱买物的事情说了一遍。最后更将我的神经衰弱症和每晚何以必要出去散步的原因说了。她听了我这一番辩解，就信用了我，等我说完之后，她颊上忽而起了两点红晕，把眼睛低下去看看桌上，好像是怕羞似的说：

“噢，我错怪你了，我错怪你了。请你不要多心，我本来是没有歹意的。因为你的行为太奇怪了，所以我想到了邪路里去。你若能好好儿的用功，岂不是很好么？你刚才说的那——叫什么的——东西，能够卖五块钱，要是每天能做一个，多么好呢?”我看了她这种单纯的态度，心里忽而起了一种不可思议的感情，我想把两只手伸出去拥抱她一回，但是我的理性却命令我说：

“你莫再作孽了！你可知道你现在处的是什么境遇，你想把这纯洁的处女毒杀了么？恶魔，恶魔，你现在是没有爱人的资格的呀!”

我当那种感情起来的时候，曾把眼睛闭上了几秒钟，等听了理性的命令以后，我的眼睛又开了开来，我觉得我的周围，忽而比前几秒钟更光明了。对她微微的笑了一笑，我就催她说：

“夜也深了，你该去睡了吧！明天你还要上工去的呢！我从今天起，就答应你把纸烟戒下来吧。”

她听了我这话，就站了起来，很喜欢的回到她的房里去睡了。

她去之后，我又换上一支洋蜡烛，静静儿的想了许多事情：

“我的劳动的结果，第一次得来的这五块钱已经用去了三块了。连我原有的一块多钱合起来，付房钱之后，只能省下二三角小洋来，如何是好呢！

“就把这破棉袍子去当吧！但是当铺里恐怕不要。

“这女孩子真是可怜，但我现在的境遇，可是还赶她不上，她是不想做工而工作要强迫她做，我是想找一点工作，终于找不到。

“就去作筋肉的劳动吧！啊啊，但是我这一双弱腕，怕吃不下一部黄包车的重力。

“自杀！我有勇气，早就干了。现在还能想到这两个字，足证我的志气还没有完全消磨尽哩！

“哈哈哈哈！今天的那无轨电车的机器手！他骂我什么来？

“黄狗，黄狗倒是一个好名词……

“……”

我想了许多零乱断续的思想，终究没有一个好法子，可以救我出目下的穷状来。听见工厂的汽笛，好像在报十二点钟了，我就站了起来，换上了白天那件破棉袍子，仍复吹熄了蜡烛，走出外面去散步去。

贫民窟里的人已经睡眠静了。对面日新里的一排临邓脱路的洋楼里，还有几家点着了红绿的电灯，在那里弹罢拉拉衣加。一声二声清脆的歌音，带着哀调，从静寂的深夜的冷空气里传到我的耳膜上来，这大约是俄国的飘泊的少女，在那里卖钱的歌唱。天上罩满了灰白的薄云，同腐烂的尸体似的沉沉的盖在那里。云层破处也能看得出一点两点星来，但星的近处，黝黝看得出来的天色，好像有无限的哀愁蕴藏着的样子。

（2）散文

还乡后记

风烟俱净，天山共色，从流飘荡，任意东西，自富阳至桐庐一百许里，奇山异水，天下独绝。水皆缥碧，千丈见底，游鱼细石，直视无碍，急湍甚箭，猛浪若奔，隔岸高山，皆生寒树，负势竞上，互相轩邈，争高直指，千百成群。泉水激石，泠泠作响，好鸟相鸣，嘤嘤成韵。蝉则千啭不穷，猿则百叫无绝，鸢飞戾天者，望峰息心，经纶世务者，窥谷忘反，横柯上蔽，在昼犹昏，疏条交映，有时见日。

——吴均

一

“比在家庭的怀抱里觉得更好的地方，是什么地方?”像这样的地方，当然是没有的，法国的这一句古歌，实在是把人情世态道尽了。

当微雨潇潇之夜，你若身眠古驿，看看萧条的四壁，看看一点欲尽的寒灯，倘不想起家庭的人，这人便是没有心肠者，任它草堆也好，破窑也好，你儿时放摇篮的地方，便是你死后最好的葬身之所呀！我们在客中卧病的时候，每每要想及家乡，就是这事的明证。

我空拳只手的奔回家去。到了杭州，又把路费用尽，在赤日的底下，在车行的道上，我就不得不步行出城。缓步当车，说起来倒是好听，但是在二十世纪的堕落的文明里沉浸过的我，既贫贱而又多骄，最喜欢张张虚势，更何况平时是以享乐为主义的我，又那里能够好好的安贫守分，和乡下人一样的蹀躞泥中呢！

这一天阴历的六月初三，天气倒好得很。但是炎炎的赤日，只能助长有钱有势的人的纳凉佳兴，与我这行路病者，却是丝毫无益的！我慢慢的出了凤山门，立在城河桥上，一边用了我那半旧的夏布长衫襟袖，揩拭汗水，一边回头来看看杭州的城市，与杭州城上盖着的青天和城墙界上的一排山岭，真有万千的感慨，横亘在胸中。预言者自古不为其故乡所容，我今朝却只能对了故里的丘山，来求最后的荫庇，五柳先生的心事，痛可知了。

啊啊！亲爱的诸君，请你们不要误会，我并非是以预言者自命的人，不过说我流离颠沛，却是与预言者的境遇相同，社会错把我作了天才待遇罢了。即使罗秀才能行破石飞鸡的奇迹，然而他的品格，岂不和飘泊在欧洲大陆，猖狂乞食的其泊西（Gipsy）一样么？

我勉强走到了江干，腹中饥饿得很了。回故乡去的早班轮船，当然已经开出，等下午的快船出发，还有三个钟头。我在杂乱窄狭的南星桥市上飘流了一会，在靠江的一条冷清的夹道里找出了一家坍败的饭馆来。

饭店的房屋的骨格，同我的胸腔一样，肋骨已经一条一条的数得出来了。幸亏还有左侧的一根木椽，从邻家墙上，横着支住在那里，否则怕去秋的潮汛，早好把它拉入了江心，作伍子胥的烧饭柴火去了。店里的几张板凳桌子，都积满了灰尘油腻，好像是前世纪的遗物。账柜上坐着一个四十内外的女人，在那里做鞋子。灰色的店里，并没有什么生动的气象，只有在门口柱上贴着一张“安寓客商”的尘蒙的红纸，还有些微现世的感觉。我因为脚下的钱已快完，不能更向热闹的街心去寻辉煌的菜馆，所以就慢慢的踱了进去。

啊啊，物以类聚！你这短翼差池的饭馆，你若是二足的走兽，那我正好和你分庭抗礼结为兄弟哩。

二

假使天公下一阵微雨，把钱塘江两岸的风景，罩得烟雨模糊，把江边的泥路，浸得污浊难行，那么这时候江干的旅客，必要减去一半，那么我乘船归去，至少可以少遇见几个晓得我的身世的同乡；即使旅客不因之而减少，只教天上有暗淡的愁云蒙着，阶前屋外有几点雨滴的声音，那么围绕在我周围的空气和自然的景物，总要比现在更带有些阴惨的色彩，总要比现在和我的心境更加相符。若希望再奢一点，我此刻更想有一具黑漆棺木在我的旁边。最好是秋风凉冷的九十月之交，时落的林中，阴森的江上，不断地筛着渺蒙的秋雨。我在凋残的芦苇里，雇了一叶扁舟，当日暮的时候，在送灵柩归去。小船除舟子而外，不要有第二个人。棺里卧着的，若不是和我寝处追随的一个年少妇人，至少也须是一个我的至亲骨肉。我在灰暗微明的黄昏江上，雨声淅沥的芦苇丛中，赤了足，张了油纸雨伞，提了一张灯笼，摸上船头上去焚化纸帛。

我坐在靠江的一张被桌子上，等那柜上的妇人下来替我炒蛋炒饭的时候，看看西兴对岸的青山绿树，看看江上的浩荡波光，又看看在江边沙渚的晴天赤日下来往的帆樯肩舆和舟子牛车。心里忽起了一种怨恨天帝的心思。我怨恨了一阵，痴想了一阵，就把我的心愿，原原本本的排演了出来。我一边在那里焚化纸帛，一边却对棺里的人说：

“Jeanne！我们要回去了，我们要开船了！怕有野鬼来麻烦，你就拿这一点纸帛送给他们罢！你可要饭吃？你可安稳？你可是伤心？你不要怕，我在这里，我什么地方也不去了，我只在你的边上。……”

我幽幽的讲到最后的一句，咽喉就塞住了。我在座上拱了两手，把头伏了下去，两面额上，只感着了一道热气。我重新把我所欲爱的女人，一个一个想了出来，见她们闭着口眼，冰冷的直卧在我的前头。我觉得隐忍不住了，竟任情的放了一声哭声。那个在炉灶上的妇人，以为我在催她的饭，她就同哄小孩子似的用了柔和的声气说：

“好了好了！就快好了，请再等一会儿！”

啊啊！我又想起来了，我又想起来了，年幼的时候，当我哭泣的时候，祖母母亲哄我的那一种声气！

“已故的老祖母，倚闾的老母亲！你们的不肖的儿孙，现在正落魄了在江干等回故里的船呀！”

我在自己制成的伤心的泪海里游泳了一会，那妇人捧了一碗汤，一碗炒饭，摆到了我的面前来。我仰起头来对她一看，她倒惊了一跳。对我呆看了一眼，她就去绞了一块手巾来递给我，叫我擦一擦面。我对了这半老妇人的殷勤，心里说不出的只在感谢。几日来因为睡眠不足，营养不良的缘故，已经是非常感觉衰弱，动着就要流泪的我，对她的这一种感谢，也变成了两行清泪，噗嗒的滴下了腮来。她看了这种情形，就问我说：

“客人，你可是遇见了坏人？”

我摇了摇头，勉强的对她笑了一笑，什么话也不能回答。她呆呆的立了一回，看我不能讲话，也就留了一句“饭不够吃，再好炒的”安慰我的话，走向她的柜上去了。

三

我吃完了饭，付了她两角银角子，把找回来的八九个铜子，也送给了她，她却摇着头说：“客人，你是赶船的么？船上要用钱的地方多得很哩，这几个铜子你收着用罢！”

我以为她怪我吝啬，只给她几个铜子的小账，所以又摸了两角银角子出来给她。她却睁大了眼睛对我说：

“尹尹！这算什么？这算什么？”

她硬不肯收，我才知道了她的真意，所以说：“但是无论如何，我总要给你几个小账的。”

她又接了一会，才收了三个铜子说：

“小账已经有了。”

啊啊，我自回中国以来，遇见的都是些卑污贪暴的野心狼子，我万万想不到在浇薄的杭州城外，有这样的一个真诚的妇人的。妇人呀妇人，你的坍败的屋椽，你的凋零的店铺，大约就是你的真诚的结果，社会对你的报酬！啊啊，我真恨我没有黄金十万，为你建造一家华丽的酒楼。

“再会再会！”

“顺风顺风！船上要小心一点。”

“谢谢！”

我受妇人的怜惜，这可算是平生的第一次。

我出了饭馆，从太阳晒着的冷静的这条夹道，走上轮船公司的那条大街上去。大约是将近午饭的时候了，街上的行人，比曩时少了许多。我走到轮船公司门口，向窗里一看，见账房内有五六个男子围了桌子，赤了膊在那里说笑吃饭。卖票的窗前的屋里，在角头椅上，只坐着两个乡下人，在那里等候，从他们的衣服、态度上看来，他们必是临浦萧山一带的农民，也不知他们有什么心事，他们的眉毛却蹙得紧紧的。

我走近了他们，在他们旁边坐下之后，两人中间的一个看了我一眼，问我说：

“鲜散（先生）！到临浦严办（烟篷）几个脸（钱）?”

“我也不知道，大约是一二角角子罢。”

“喏（你）到啥地方起（去）咯?”

“我上富阳去的。”

“哎（我们）是为得打官司到杭州来咯。”

我并不问他，他却把这一回因为一个学堂里出身的先生告了他的状，不得不到杭州来的事情对我详细地诉说了：

“哎真勿要打官司啦！格煞（现在）田里已（又）忙，宁（人）也走勿开，真真苦煞哉啦！汉（那）个学堂里个（的）鲜散，心也脱凶哉，哎请啦宁刚（讲）过好两遍，情愿拿出八十块洋钿不（给）其（他），其（他）要哎百念块。喏（你）看，格煞五荒六月，教哎啥地方去变出一百念块洋钿来呢!”

他说着似乎是很伤心的样子。

“唉唉！你这老实的农民，我若有钱，我就给你一百二十块钱救你出险了。但是

Thou's met me in an evil hour;

……

To spare thee now is past my power,

……

我心里这样的一想，又重新起了一阵身世之悲。他看我默默的不语，便也住了口，仍复沉入悲愁的境里去了。

四

我坐在轮船公司的那只角上，默默地与那农民相对，耳里断断续续的听了些在账房里吃饭的人的笑语，只觉得一阵一阵的哀心隐痛，绝似临盆的孕妇，要产产不出来的样子。

杭州城外，自闸口至南星，统江干一带，本是我旧游之地，我记得没有去国之先，在岸边花艇里，金尊檀板，也曾眠醉过几场。江上的明月，月下的青山，与越郡的鸡酒，佐酒的歌姬，当然依旧在那里助长人生的乐趣。但是我呢？我身上的变化呢？我的同干柴似的一双手里，只捏了三个两角的银角子，在这里等买船票！

过了一点多钟，轮船公司的那间屋里，挤满了旅人，我因为怕逢知我的同乡，只俯了首，默默的坐着不敢吐气。啊啊，窗外的被阳光晒着的长街，在街上手轻脚健快快活活来往的行人，请你们饶恕我的罪罢，这时候我心里真恨不得丢一个炸弹，与你们同归于尽呀。

跟了那两个农民，在窗口买了一张烟篷船票，我就走出公司，走上码头，走上跳板，走上驳船去。

原来钱塘江岸，浅滩颇多，码头下有一排很长的跳板，接在那里。我跟了众人，一步一步的从跳板上走到驳船里去的时候，却看见了一个我自家的影子，斜映在江水里，慢慢地在那里前进。等走到跳板尽处，将上驳船的时候，我心里忽而想起了一段我女人写给我的信上的话来：

我从来没有一个人单独出过门，那天晚上，我对你说的让我一个人回去的话，原是激于一时的意气而发，我实不知道抱着一个六个月的孩子的妇人的单独旅行，是如何的苦法的。那天午后，你送我上车，车开之后，我抱了龙儿，看看车里坐着的男女，觉得都比我快乐。我又探头出来，遥向你住着的上海一望，只见了几家工厂，和屋上排列在那里的一列烟囱。我对龙儿看了一眼，就不知不觉的涌出了两滴眼泪。龙儿看了我这样子，也好像有知识似的对我呆住了。他跳也不跳了，笑也不笑了，默默的尽对我呆看。我看了这种样子，更觉得伤心难耐，就把我的颜面俯上他的脸去，紧紧地吻了他一回。他呆了一会，就在我的怀里睡着了。

火车行行前进，我看看车窗外的野景，忽而想起去年你带我出来的时候的景象。啊啊！去岁的初秋，你我一路出来上a地去的快乐的旅行，和这一回惨败了回来的情状一比，当时的感慨如何，大约是你所能推想得出的罢！

在江干的旅馆里过了一夜，第二天的早晨，我差茶房送了一个信给住在江干的我的母舅，他就来了。

把我的行李送上轮船之后，买了票子，他又来陪我上船去。龙儿硬不要他抱，所以我只能抱着龙儿，跟在他后面，一步一步的走上那骇人的跳板去，等跳板走尽的时候，我想把龙儿交给母舅，纵身一跳，跳入钱塘江里去的。但是仔细一想，在昏夜的扬子江边还淹不死的我，在白日的这浅渚里，又那里能达到我的目的？弄得半死不活，走回家去，反而要被人家笑话，还不如忍着罢。

我到家以后，这几天里，简直还没有取过饮食，所以也没有气力写信给你，请你谅我。……

五

啊啊，贫贱夫妻百事哀！我的女人吓，我累你不少了。

我走上了驳船，在船篷下坐定之后，就把三个月前，在上海北站，送我女人回家的事情想了出来。忘记了我的周围坐着的同行者，忘记了在那里摇动的驳船，并且忘记了我自家的失意的情怀，我只见清瘦的我的女人抱了我们的营养不良的小孩在火车窗里，在对我流泪。火车随着蒸汽机关在那里前进，她的眼泪洒满的苍白的脸儿，也和车轮合着了拍子，一隐一现的在那里窥探我。我对她点一点头，她也对我点一点头。我对她手招一招，教她等我一忽，她也对我手招一招。我想使尽我的死力，跳上火车去和她坐一块儿，但是心里又怕跳不上去，要跌下来。我迟疑了许久，看她在窗里的愁容，渐渐的远下去，淡下去了，才抱定了决心，站起来向前面伸出了一只手去。我攀着了一根铁干，听见了一声咚咚的冲击的声音，纵身向上一跳，觉得双脚踏在木板上了。忽有许多嘈杂的人声，逼上我的耳膜来，并且有几只强有力的手，突突的向我背后推打了几下。我回转头来一看，方知是驳船到了轮船身边，大家在争先的跳上轮船来，我刚才所攀着的铁干，并不是火车的回栏，我的两脚也并不是在火车中间，却踏在小轮船的舷上了。

我随了众人挤到后面的烟篷角上去占了一个位置，静坐了几分钟，把头脑休息了一下，方才从刚才的幻梦状态里醒了转来。

向窗外一望，我看见透明的淡蓝色的江水，在那里返射日光。更抬头起来，望到了对岸，我看见一条黄色的沙滩，一排苍翠的杂树，静静的躺在午后的阳光里吐气。

我弯了腰背孤伶仃的坐了一忽，轮船开了。在闸口停了一停，这一只同小孩子的玩具似的小轮船就仆独仆独的奔向西去。两岸的树林沙渚，旋转了好几次，江岸的草舍，农夫，和偶然出现的鸡犬小孩，都好像是和平的神话里的材料，在那里等赫西奥特（Hesiod）的吟咏似的。

经过了闻家堰，不多一忽，船就到了东江嘴，上临浦义桥的船客，是从此地换入更小的轮船，溯支江而去的。买票前和我坐在一起的那两个农民，被茶房拉来拉去的拉到了船边，将换入那只等在那里的小轮船去的时候，一个和我讲话过的人，忽而回转头来对我看了一眼，我也不知不觉的回了他一个目礼。啊啊！我真想跟了他们跳上那只小轮船去，因为一个钟头之后，我的轮船就要到富阳了，这回前去停船的第一个码头，就是富阳了，我有什么面目回家去见我的衰亲，见我的女人和小孩呢?

但是命运注定的最坏的事情，终究是避不掉的。轮船将近我故里的县城的时候，我的心脏的鼓动也和轮船的机器一样，仆独仆独的响了起来。等船一靠岸，我就杂在众人堆里，披了一身使人眩晕的斜阳，俯着首走上岸来。上岸之后，我却走向和回家的路径方向相反的一个冷街上的土地庙去坐了两点多钟。等太阳下山，人家都在吃晚饭的时候，我方才乘了夜阴，走上我们家里的后门边去。我侧耳一听，听见大家都在庭前吃晚饭，偶尔传过来的一声我女人和母亲的说话的声音，使我按不住的想奔上前去，和她们去说一句话，但我终究忍住了。乘后门边没有一个人在，我就放大了胆，轻轻推开了门，不声不响的摸上楼上我的女人的房里去睡了。

晚上我的女人到房里来睡的时候，如何的惊惶，我和她如何的对泣，我们如何的又想了许多谋自尽的方法，我在此地不记下来了，因为怕人家说我是为欲引起人家的同情的缘故，故意的在夸张我自家的苦处。

一个人在途上

在东车站的长廊下和女人分开以后，自家又剩了孤零丁的一个。频年飘泊惯的两口儿，这一回的离散，倒也算不得甚么特别，可是端午节那天，龙儿刚死，到这时候北京城里虽已起了秋风，但是计算起来，去儿子的死期，究竟还只有一百来天。在车座里，稍稍把意识恢复转来的时候，自家就想起了卢骚晚年的作品“孤独散步者的梦想”的头上的几句话。

“自家除了己身以外，已经没有弟兄，没有邻人，没有朋友，没有社会了，自家在这世上，像这样的，已经成了一个孤独者了。……”

然而当年的卢骚还有弃养在孤儿院内的五个儿子，而我自己哩，连一个抚育到五岁的儿子还抓不住！

离家的远别，本来也只为想养活妻儿。去年在某大学的被逐，是万料不到的事情。其后兵乱迭起，交通阻绝，当寒冬的十月，会病倒在沪上也是谁也料想不到的。今年二月，好容易到得南方，静息了一年之半，谁知这刚养得出趣的龙儿，又会遭此凶疾呢？

龙儿的病报，本是广州得着，匆促北航，到了上海，接连接了几个北京来的电报，换船到天津，已经是旧历的五月初十。到家之夜，一见了门上的白纸条儿，心里已经是跳得忙乱，从苍茫的暮色里赶到哥哥家中，见了衰病的她，因为在大众之前，勉强将感情压住，草草吃了夜饭，上床就寝，把电灯一灭，两人只有紧抱的痛哭，痛哭，痛哭，只是痛哭，气也换不过来，更那里有说一句话的余裕？

受苦的时间，的确脱煞过去的太悠徐，今年的夏季，只是悲叹的连续。晚上上床，两口儿，那敢提一句话？可怜这两个迷散的灵心，在电灯灭黑的黝暗里，所摸走的荒路，每凑集在一条线上，这路的交叉点里，只有一块小小的墓碑，墓碑上只有"龙儿之墓"的四个红字。

妻儿因为在浙江老家内不能和母亲同住，不得已而搬往北京当时我在寄食的哥哥家去，是去年的四月中旬，那时候龙儿正长得肥满可爱，一举一动，处处教人欢喜。到了五月初，从某地回京，觉得哥哥家太狭小，就在什刹海的北岸，租定了一间渺小的住宅。夫妻两个，日日和龙儿伴乐，闲时也常在北海的荷花深处，及门前的杨柳中带龙儿去走走。这一年的暑假，总算过得快乐，最闲适。

秋风吹叶落的时候，别了龙儿和女人，再上某地大学去为朋友帮忙，当时他们俩还往西车站去送我来哩！这是去年秋晚的事情，想起来还同昨日的情形一样。

过了一月，某地的学校里发生事情，又回京了一次，在什刹海小住了两星期，本来打算不再出京了，然碍于朋友的面子，又不得不于一天寒风刺骨的黄昏，上西车站去乘车。

这时候因为怕龙儿要哭，自己和女人，吃过晚饭，便只说要往哥哥家里去，只许他送我们到门口。记得那一天晚上他一个人和老妈子立在门口，等我们俩去了好远，还“爸爸！爸爸！”的叫了几声。啊啊，这几声的呼唤，是我在这世上听到的他叫我的最后的声音。

出京之后，到某地住了一宵，就匆促往上海。接续便染了病，遇了强盗辈的争夺政权，其后赴南方暂住，一直到今年的五月，才返北京。

想起来，龙儿实在是一个填债的儿子，是当乱离困厄的这几年中间，特来安慰我和他娘的愁闷的使者！

自从他在安庆生落地以来，我自己没有一天脱离过苦闷，没有一处安住到五个月以上。我的女人，夜夜和我分担当着十字架的重负，只是东西南北的奔波飘泊。当然日夜难安，悲苦得不了的时候，只教他的笑脸一开，女人和我就可以把一切穷愁，丢在脑后。而今年五月初十待我赶到北京的时候，他的尸体，早已在妙光阁的广谊园地下躺着了。

他的病，说是脑膜炎。自从得病之日起，一直到旧历端午节的午时绝命的时候止，中间经过有一个多月的光景。平时被我们宠坏了的他，听说此番病里，却乖顺得非常。叫他吃药，他就大口的吃，叫他用冰枕，他就很柔顺的躺上。病后还能说话的时候，只问他的娘，“爸爸几时回来？”“爸爸在上海为我定做的小皮鞋，已经做好了没有？”我的女人，于惑乱之余，每幽幽的问他：“龙！你晓得你这一场病，会不会死的?”他老是很不愿意的回答说：“那儿会死的哩?”据女人含泪的告诉我说，他的谈吐，绝不似一个五岁的小儿。

未病之前一个月的时候，有一天午后他在门口玩耍，看见西面来了一乘马车，马车里坐着一个戴灰白帽子的青年。他远远看见，就急忙丢下了伴侣，跑进屋里叫他娘出来，说：“爸爸回来了，爸爸回来了!”因为我去年离京时所戴的，是一样的一顶白灰呢帽。他娘跟他出来到门前，马车已经过去了他就死劲的拉住了他娘，哭喊着说：“爸爸怎么不家来吓? 爸爸怎么不家来吓?”他娘说慰了半天，他还尽是哭着，这也是他娘含泪和我说的。现在回想起来，自己实在不该抛弃了他们，一个人在外面流荡，致使那小小的灵心，常有望远思亲之痛。

去年六月，搬往什刹海之后，有一次我们在堤上散步，因为他看见了人家的汽车，硬是哭着要坐，被我痛打了一顿。又有一次，他是因为要穿洋服，受了我的毒打。这实在只能怪我做父亲的没有能力，不能做洋服给他穿，雇汽车给他坐。早知他要这样的早死，我就是典当强劫，也应该去弄一点钱来，满足他无邪的欲望，到现在追想起来，实在觉得对他不起，实在是我太无容人之量了。

我女人说，濒死的前五天，在病院里，叫了几夜的爸爸。她问他：“叫爸爸干什么?”他又不响了，停一会儿，就又再叫起来，到了旧历五月初三日，他已入了昏迷状态，医师替他抽骨髓，他只会直叫一声："干吗？"喉头的气管，咯咯在抽咽，眼睛只往上吊送，口头流些白沫，然而一口气总不肯断。他娘哭叫几声："龙！龙！"他的眼角上，就迸流下眼泪出来，后来他娘看他苦得难过，倒对他说：

"龙，你若是没有命的，就好好的去吧！你是不是想等爸爸回来，就是你爸爸回来，也不过是这样的替你医治罢了。龙！你有什么不了的心愿呢？龙！与其这样的抽咽受苦，你还不如快快的去吧！"

他听了这段话，眼角上眼泪，更是涌流得厉害。到了旧历端午节的午时，他竟等不着我的回来，终于断气了。

丧葬之后，女人搬往哥哥家里，暂住了几天。我于五月十日晚上，下车赶到什刹海的寓宅，打门打了半天，没有应声。后来抬头一看，才见了一张告示邮差送信的白纸条。

自从龙儿生病以后连日连夜看护久已倦了的她，又那里经得起最后的这一个打击？自己当到京之后，见了她的衰容，见了她的眼泪，又那里能够不痛哭呢？

在哥哥家里小住了两三天，我因为想追求龙儿生前的遗迹，一定要女人和我仍复搬回什刹海的住宅去住它一两个月。

搬回去那天，一进上屋的门，就见了一张被他玩破的今年正月里的花灯。听说这张花灯，是南城大姨妈送他的，因为他自家烧破了一个窟窿，他还哭过好几次来的。

其次，便是上房里砖上的几堆烧纸钱的痕迹！当他下殓时烧的。

院子有一架葡萄，两颗枣树，去年采取葡萄枣子的时候，他站在树下，兜起了大褂，仰头在看树上的我。我摘取一颗，丢入了他的大褂兜里，他的哄笑声，要继续到三五分钟。今年这两颗枣树结满了青青的枣子，风起的半夜里，老有熟极的枣子辞枝自落，女人和我，睡在床上，有时候且哭且谈，总要到更深人静，方能入睡。在这样的幽幽的谈话中间，最怕听的，就是滴答的坠枣之声。

到京的第二日，和女人去看他的坟墓。先在一家南纸铺里买了许多冥府的钞票，预备去烧送给他，直到到了妙光阁的广谊园茔地门前，她方从呜咽里清醒过来，说："这是钞票，他一个小孩如何用得呢？"就又回车转来，到琉璃厂去买了些有孔的纸钱。她在坟前哭了一阵，把纸钱钞烧化的时候，却叫着说：

"龙！这一堆是钞票，你收在那里，待长大了的时候再用。要买什么，你先拿这一堆钱去用吧。"

这一天在他的坟上坐着，我们直到午后七点，太阳平西的时候，才回家来。临走的时候，他娘还哭叫着说：

"龙！龙！你一个人在这里不怕冷静的么？龙！龙！人家若来欺你，你晚上来告诉娘罢！你怎么不想回来了呢？你怎么梦也不来托一个呢？"

箱子里，还有许多散放着的他的小衣服。今年北京的天气，到七月中旬，已经是很冷了。当微凉的早晚，我们俩都想换上几件夹衣，然而因为怕见他旧时的夹衣袍袜，我们俩却尽是一天一天的捱着，谁也不说出口来，说“要换上件夹衫”。

有一次和女人在那里睡午觉，她骤然从床上坐了起来，鞋也不拖，光着袜子，跑上了上房起坐室里，并且更掀帘跑上外面院子里去。我也莫名其妙跟着她跑到外面的时候，只见她在那里四面找寻什么。找寻不着，呆立了一会，她忽然放声哭了起来，并且抱住了我急急的追问说：“你听不听见？你听不听见？”哭完之后，她才告诉我说，在半醒半睡的中间，她听见“娘！娘！”的叫了几声，的确是龙的声音，她很坚硬的说：“的确是龙回来了。”

北京的朋友亲戚，为安慰我们起见，今年夏天常请我们俩去吃饭听戏，她老不愿意和我同去，因为去年的六月，我们无论上那里去玩，龙儿是常和我们在一处的。

今年的一个暑假，就是这样的，在悲叹和幻梦的中间消逝了。

这一回南方来催我就道的信，过于匆促，出发之前，我觉得还有一件大事情没有做了。

中秋节前新搬了家，为修理房屋，部署杂事，就忙了一个星期，又因了种种琐事，不能抽出空来，再上龙儿的墓地去探望一回。女人上东车站来送我上车的时候，我心里尽是酸一阵痛一阵的在回念这一件恨事。有好几次想和她说出来，教她于两三日后再往妙光阁去探望一趟，但见了她的憔悴尽的颜色，和苦忍住的凄楚，又终于一句话也没有讲成。

现在去北京远了，去龙儿更远了，自家只一个人，只是孤零丁的一个人。在这里继续此生中大约是完不了的飘泊。

志摩在回忆里

新诗传宇宙，竟尔乘风归去，同学同庚，老友如君先宿草。

华表托精灵，何当化鹤重来，一生一死，深闺有妇赋招魂。

这是我托杭州陈紫荷先生代作代写的一副挽志摩的挽联。陈先生当时问我和志摩的关系，我只说他是我自小的同学，又是同年，此外便是他这一回的很适合他身分的死。

做挽联我是不会做的，尤其是文言的对句。而陈先生也想了许多成句，如“高处不胜寒”，“犹是深闺梦里人”之类，但似乎都寻不出适当的上下对，所以只成了上举的一联。这挽联的好坏如何，我也不晓得，不过我觉得文句做得太好，对仗对得太工，是不大适合于哀挽的本意的。悲哀的最大表示，是自然的目瞪口呆，僵若木鸡的那一种样子，这我在小曼夫人当初接到志摩的凶耗的时候曾经亲眼见到过。其次是抚棺的一哭，这我在万国殡仪馆中，当日来吊的许多志摩的亲友之间曾经看到过。至于哀挽诗词的工与不工，那却是次而又次的问题了；我不想说志摩是如何如何的伟大，我不想说他是如何如何的可爱，我也不想说我因他之死而感到怎么怎么的悲哀，我只想把在记忆里的志摩来重描一遍，因而再可以想见一次他那副凡见过他一面的人谁都不容易忘去的面貌与音容。

大约是在宣统二年（一九一〇）的春季，我离开故乡的小市，去转入当时的杭府中学读书，——上一期似乎是在嘉兴府中读的，终因路远之故而转入了杭府——那时候府中的监督，记得是邵伯炯先生，寄宿舍是大方伯的图书馆对面。

当时的我，是初出茅庐的一个十四岁未满的乡下少年，突然间闯入了省府的中心，周围万事看起来都觉得新异怕人。所以在宿舍里，在课堂上，我只是诚惶诚恐，战战兢兢，同蜗牛似的蜷伏着，连头都不敢伸一伸出壳来。但是同我的这一种畏缩态度正相反的，在同一级同一宿舍里，却有两位奇人在跳跃活动。

一个是身体生得很小，而脸面却是很长，头也生得特别大的小孩子。我当时自己当然总也还是一个小孩子，然而看见了他，心里却老是在想"这顽皮小孩，样子真生得奇怪"，仿佛我自己已经是一个大孩似的。还有一个日夜和他在一块，最爱做种种淘气的把戏，为同学中间的爱戴集中点的，是一个身材长得相当的高大，面上也已经满示着成年的男子的表情，由我那时候的心里猜来，仿佛是年纪总该在三十岁以上的大人，——其实呢，他也不过和我们上下年纪而已。

他们俩，无论在课堂上或在宿舍里，总在交头接耳的密谈着，高笑着，跳来跳去，和这个那个闹闹，结果却终于会出其不意地做出一件很轻快很可笑很奇特的事情来吸收大家的注意的。

而尤其使我惊异的，是那个头大尾巴小，戴着金边近视眼镜的顽皮小孩，平时那样的不用功，那样的爱看小说——他平时拿在手里的总是一卷有光纸上印着石印细字的小本子——而考起来或作起文来却总是分数得最多的一个。

像这样的和他们同住了半年宿舍，除了有一次两次也上了他们一点小当之外，我和他们终究没有发生什么密切一点的关系；后来似乎我的宿舍也换了，除了在课堂上相聚在一块之外，见面的机会更加少了。年假之后第二年的春天，我不晓为了什么，突然离去了府中，改入了一个现在似乎也还没有关门的教会学校。从此之后，一别十余年，我和这两位奇人——一个小孩，一个大人——终于没有遇到的机会。虽则在异乡飘泊的途中，也时常想起当日的旧事，但是终因为周围环境的迁移激变，对这微风似的少年时候的回忆，也没有多大的留恋。

民国十三四年——一九二三、四年——之交，我混迹在北京的软红尘里。有一天风定日斜的午后，我忽而在石虎胡同的松坡图书馆里遇见了志摩。仔细一看，他的头，他的脸，还是同中学时候一样发育得分外的大，而那矮小的身材却不同了，非常之长大了，和他并立起来，简直要比我高一二寸的样子。

他的那种轻快磊落的态度，还是和孩时一样，不过因为历尽了欧美的游程之故，无形中已经锻炼成了一个长于社交的人了。笑起来的时候，可还是同十几年前的那个顽皮小孩一色无二。

从这年后，和他就时时往来，差不多每礼拜要见好几次面。他的善于座谈，敏于交际，长于吟诗的种种美德，自然而然地使他成了一个社交的中心。当时的文人学者，达官丽姝，以及中学时候的倒霉同学，不论长幼，不分贵贱，都在他的客座上可以看得到。不管你是如何心神不快的时候，只教经他用了他那种浊中带清的洪亮的声音，“喂，老×，今天怎么样？什么什么怎么样了？”的一问，你就自然会把一切的心事丢开，被他的那种快乐的光耀同化了过去。

正在这前后，和他一次谈起了中学时候的事情，他却突然的呆了一呆，张大了眼睛惊问我说：

“老李你还记得起记不起？他是死了哩！”

这所谓老李者，就是我在头上写过的那位顽皮大人，和他一道进中学的他的表哥哥。

其后他又去欧洲，去印度，交游之广，从中国的社交中心扩大而成为国际的。于是美丽宏博的诗句和清新绝俗的散文，也一年年的积多了起来。一九二七年的革命之后，北京变了北平，当时的许多中间阶级者就四散成了秋后的落叶。有些飞上了天去，成了要人，再也没有见到的机会了，有些也竟安然地在牖下到了黄泉；更有些，不死不生，仍复在歧路上徘徊着，苦闷着，而终于寻不到出路。是在这一种状态之下，有一天在上海的街头，我又忽而遇见志摩：“喂，这几年来你躲在什么地方?”

兜头的一喝，听起来仍旧是他那一种洪亮快活的声气。在路上略谈了片刻，一同到了他的寓里坐了一会，他就拉我一道到了大赉公司的轮船码头。因为午前他刚接到了无线电报，诗人太果尔回印度的船系定在午后五时左右靠岸，他是要上船去看看这老诗人的病状的。

当船还没有靠岸，岸上的人和船上的人还不能够交谈的时候，他在码头上的寒风里立着——这时候似乎已经是秋季了——静静地呆呆地对我说：

“诗人老去，又遭了新时代的摈斥，他老人家的悲哀，正是孔子的悲哀。”

因为太果尔这一回是新从美国日本去讲演回来，在日本在美国都受了一部分新人的排斥，所以心里是不十分快活的；并且又因年老之故，在路上更染了一场重病。志摩对我说这几句话的时候，双眼呆看着远处，脸色变得青灰，声音也特别的低。我和志摩来往了这许多年，在他脸上看出悲哀的表情来的事情，这实在是最初也便是最后的一次。

从这一回之后，两人又同在北京的时候一样，时时来往了。可是一则因为我的疏懒无聊，二则因为他跑来跑去的教书忙，这一两年间，和他聚谈时候也并不多。今年的暑假后，他于去北平之先曾大宴了三日客。头一天喝酒的时候，我和董任坚先生都在那里。董先生也是当时杭府中学的旧同学之一，席间我们也曾谈到了当时的杭州。在他遇难之前，从北平飞回来的第二天晚上，我也偶然的，真真是偶然的，闯到了他的寓里。

那一天晚上，因为有许多朋友会聚在那里的缘故，谈谈说说，竟说到了十二点过。临走的时候，还约好了第二天晚上的后会才兹分散。但第二天我没有去，于是就永久失去了见他的机会了，因为他的灵柩到上海的时候是已经殓好了来的。

文人之中，有两种人最可以羡慕。一种是像高尔基一样，活到了六七十岁，而能写许多有声有色的回忆文的老寿星。其他的一种是如叶赛宁一样的光芒还没有吐尽的天才夭折者。前者可以写许多文学史上所不载的文坛起伏的经历，他个人就是一部纵的文学史。后者则可以要求每个同时代的文人都写一篇吊他哀他或评他骂他的文字，而成一部横的放大的文苑传。

现在志摩是死了，但是他的诗文是不死的，他的音容状貌可也是不死的，除非要等到认识他的人老老少少一个个都死完的时候为止。

［附记］上面的一篇回忆写完之后，我想想，想想，又在陈先生代做的挽联里加入了一点事实，缀成了下面的四十

二字：

三卷新诗，廿年旧友，与君同是天涯，只为佳人难再得。

一声河满，九点齐烟，化鹤重归华表，应愁高处不胜寒。

怀鲁迅

真是晴天的霹雳，在南台的宴会席上，忽而听到了鲁迅的死！

发出了几通电报，荟萃了一夜行李，第二天我就匆匆跳上了开往上海的轮船。

二十二日上午十时船靠了岸，到家洗了一个澡，吞了两口饭，跑到胶州路万国殡仪馆去，遇见的只是真诚的脸，热烈的脸，悲愤的脸，和千千万万将要破裂似的青年男女的心肺与紧捏的拳头。

这不是寻常的丧事，这也不是沉郁的悲哀，这正像是大地震要来，或黎明将到时充塞在天地之间的一瞬间的寂静。

生死，肉体，灵魂，眼泪，悲叹，这些问题与感觉，在此地似乎太渺小了，在鲁迅的死的彼岸，还照耀着一道更伟大，更猛烈的寂光。

没有伟大的人物出现的民族，是世界上最可怜的生物之群；有了伟大的人物，而不知拥护，爱戴，崇仰的国家，是没有希望的奴隶之邦。因鲁迅的一死，使人自觉出了民族的尚可以有为，也因鲁迅之一死，使人家看出了中国还是奴隶性很浓厚的半绝望的国家。

鲁迅的灵柩，在夜阴里被埋入浅土中去了；西天角却出现了一片微红的新月。

钓台的春昼

因为近在咫尺，以为什么时候要去就可以去，我们对于本乡本土的名区胜景，反而往往没有机会去玩，或不容易下一个决心去玩的。正唯其是如此，我对于富春江上的严陵，二十年来，心里虽每在记着，但脚却没有向这一方面走过。一九三一，岁在辛未，暮春三月，春服未成，而中央党帝，似乎又想玩一个秦始皇所玩过的把戏了，我接到了警告，就仓皇离去了寓居。先在江浙附近的穷乡里，游息了几天，偶而看见了一家扫墓的行舟，乡愁一动，就定下了归计。绕了一个大弯，赶到故乡，却正好还在清明寒食的节前。和家人等去上了几处坟，与许久不曾见过面的亲戚朋友，来往热闹了几天，一种乡居的倦怠，忽而袭上心来了，于是乎我就决心上钓台访一访严子陵的幽居。

钓台去桐庐县城二十余里，桐庐去富阳县治九十里不足，自富阳溯江而上，坐小火轮三小时可达桐庐，再上则须坐帆船了。

我去的那一天，记得是阴晴欲雨的养花天，并且系坐晚班轮去的，船到桐庐，已经是灯火微明的黄昏时候了，不得已就只得在码头近边的一家旅馆的楼上借了一宵宿。

桐庐县城，大约有三里路长，三千多烟灶，一二万居民，地在富春江西北岸，从前是皖浙交通的要道，现在杭江铁路一开，似乎没有一二十年前的繁华热闹了。尤其要使旅客感到萧条的，却是桐君山脚下的那一队花船的失去了踪影。说起桐君山，却是桐庐县的一个接近城市的灵山胜地，山虽不高，但因有仙，自然是灵了。以形势来论，这桐君山，也的确是可以产生出许多口音生硬，别具风韵的桐严嫂来的生龙活脉。地处在桐溪东岸，正当桐溪和富春江合流之所，依依一水，西岸便瞰视着桐庐县市的人家烟村。南面对江，便是十里长洲；唐诗人方干的故居，就在这十里桐洲九里花的花田深处。向西越过桐庐县城，更遥遥对着一排高低不定的青峦，这就是富春山的山子山孙了。东北面山下，是一片桑麻沃地，有一条长蛇似的官道，隐而复现，出没盘曲在桃花杨柳洋槐榆树的中间，绕过一支小岭，便是富阳县的境界，大约去程明道的墓地程坟，总也不过一二十里地的间隔。我的去拜谒桐君，瞻仰道观，就在那一天到桐庐的晚上，是淡云微月，正在作雨的时候。

鱼梁渡头，因为夜渡无人，渡船停在东岸的相君山下。我从旅馆踱了出来，先在离轮埠不远的渡口停立了几分钟。后来向一位来渡口洗夜饭米的年轻少妇，弓身请问了一回，才得到了渡江的秘诀。她说：“你只须高喊两三声，船自会来的。”先谢了她教我的好意，然后以两手围成了播音的喇叭，“喂，喂，渡船请摇过来”地纵声一喊，果然在半江的黑影当中，船身摇动了。渐摇渐近，五分钟后，我在渡口，却终于听出了晰呀柔橹的声音。时间似乎已经入了酉时的下刻，小市里的群动，这时候都已经静息，自从渡口的那位少妇，在微茫的夜色里，藏去了她那张白团团的面影之后，我独立在江边，不知不觉心里头却兀自感到了一种他乡日暮的悲哀。渡船到岸，船头上起了几声微微的水浪清音，又铜东的一响，我早已跳上了船，渡船也已经掉过头来了。坐在黑影沉沉的舱里，我起先只在静听着柔橹划水的声音，然后却在黑影里看出了一星船家在吸着的长烟管头上的烟火，最后因为被沉默压迫不过，我只好开口说话了："船家！你这样的渡我过去，该给你几个船钱？"我问。"随你先生把几个就是。"船家的说话冗慢幽长，似乎已经带着些睡意了，我就向袋里摸出了两角钱来。"这两角钱，就算是我的渡船钱，请你候我一会，上山去烧一次夜香，我是依旧要渡过江来的。"船家的回答，只是恩恩乌乌，幽幽同牛叫似的一种鼻音，然而从继这鼻音而起的两三声轻快的咳声听来，他却似已经在感到满足了，因为我也知道，乡间的义渡，船钱最多也不过是两三枚铜子而已。

到了桐君山下，在山影和树影交掩着的崎岖道上，我上岸走不上几步，就被一块乱石绊倒，滑跌了一次。船家似乎也动了恻隐之心了，一句话也不发，跑将上来，他却突然交给了我一盒火柴。我于感谢了一番他的盛意之后，重整步伐，再摸上山去，先是必须点一枚火柴走三五步路的，但到得半山，路既就了规律，而微云堆里的半规月色，也朦胧地现出一痕银线来了，所以手里还存着的半盒火柴，就被我藏入了袋里。路是从山的西北，盘曲而上，渐走渐高，半山一到，天也开朗了一点，桐庐县市上的灯火，也星星可数了。更纵目向江心望去，富春江两岸的船上和桐溪合流口停泊着的船尾船头，也看得出一点一点的火来。走过半山，桐君观里的晚祷钟鼓，似乎还没有息尽，耳朵里仿佛听见了几丝木鱼钲钹的残声。走上山顶，先在半途遇着了一道道观外围的女墙，这女墙的栅门，却已经掩上了。在栅门外徘徊了一刻，觉得已经到了此门而不进去，终于是不能满足我这一次暗夜冒险的好奇怪僻的。所以细想了几次，还是决心进去，非进去不可，轻轻用手往里面一推，栅门却呀的一声，早已退向了后方开开了，这门原来是虚掩在那里的。进了栅门，踏着为淡月所映照的石砌平路，向东向南的前走了五六十步，居然走到了道观的大门之外，这两扇朱红漆的大门，不消说是紧闭在那里的。到了此地，我却不想再破门进去了，因为这大门是朝南向着大江开的，门外头是一条一丈来宽的石砌步道，步道的一旁是道观的墙，一旁便是山坡，靠山坡的一面，并且还有一道二尺来高的石墙筑在那里，大约是代替栏杆，防人倾跌下山去的用意。石墙之上，铺的是二三尺宽的青石，在这似石栏又似石凳的墙上，尽可以坐卧游息，饱看桐江和对岸的风景，就是在这里坐它一晚，也很可以，我又何必去打开门来，惊起那些老道的恶梦呢！

空旷的天空里，流涨着的只是些灰白的云，云层缺处，原也看得出半角的天，和一点两点的星，但看起来最饶风趣的，却仍是欲藏还露，将见仍无的那半规月影。这时候江面上似乎起了风，云脚的迁移，更来得迅速了，而低头向江心一看，几多散乱着的船里的灯光，也忽明忽灭地变换了一变换位置。

这道观大门外的景色，真神奇极了。我当十几年前，在放浪的游程里，曾向瓜州京口一带，消磨过不少的时日。那时觉得果然名不虚传的，确是甘露寺外的江山，而现在到了桐庐，昏夜上这桐君山来一看，又觉得这江山之秀而且静，风景的整而不散，却非那天下第一江山的北固山所可与比拟的了。真也难怪得严子陵，难怪得戴征士，倘使我若能在这样的地方结屋读书，以养天年，那还要什么的高官厚禄，还要什么的浮名虚誉哩？一个人在这桐君观前的石凳上，看看山，看看水，看看城中的灯火和天上的星云，更做做浩无边际的无聊的幻梦，我竟忘记了时刻，忘记了自身，直等到隔江的击柝声传来，向西一看，忽而觉得城中的灯影微茫地减了，才跑也似的走下了山来，渡江奔回了客舍。

第二日侵晨，觉得昨天在桐君观前做过的残梦正还没有续完的时候，窗外面忽而传来了一阵吹角的声音。好梦虽被打破，但因这同吹筚篥似的商音哀咽，却很含着些荒凉的古意，并且晓风残月，杨柳岸边，也正好候船待发，上严陵去；所以心里虽怀着了些儿怨恨，但脸上却只现出了一痕微笑，起来梳洗更衣，叫茶房去雇船去。雇好了一只双桨的渔舟，买就了些酒菜鱼米，就在旅馆前面的码头上上了船，轻轻向江心摇出去的时候，东方的云幕中间，已现出了几丝红晕，有八点多钟了。舟师急得厉害，只在埋怨旅馆的茶房，为什么昨晚上不预先告诉，好早一点出发。因为此去就是七里滩头，无风七里，有风七十里，上钓台去玩一趟回来，路程虽则有限，但这几日风雨无常，说不定要走夜路，才回来得了的。

过了桐庐，江心狭窄，浅滩果然多起来了。路上遇着的来往的行舟，数目也是很少，因为早晨吹的角，就是往建德去的快班船的信号，快班船一开，来往于两岸之间的船就不十分多了。两岸全是青青的山，中间是一条清洗的水，有时候过一个沙洲。洲上的桃花菜花，还有许多不晓得名字的白色的花，正在喧闹着春暮，吸引着蜂蝶。我在船头上一口一口地喝着严东关的药酒，指东话西地问着船家，这是什么山，那是什么港，惊叹了半天，称颂了半天，人也觉得倦了，不晓得什么时候，身子却走上了一家水边的酒楼，在和数年不见的几位已经做了党官的朋友高谈阔论。谈论之余，还背诵了一首两三年前曾在同一的情形之下做成的歪诗。

不是尊前爱惜身，佯狂难免假成真，曾因酒醉鞭名马，生怕情多累美人。

劫数东南天作孽，鸡鸣风百海扬尘，悲歌痛哭终何补，义士纷纷说帝秦。

直到盛筵将散，我酒也不想再喝了，和几位朋友闹得心里各自难堪，连对旁边坐着的两位陪酒的名花都不愿意开口。正在这上下不得的苦闷关头，船家却大声的叫了起来说：

“先生，罗芷过了，钓台就在前面，你醒醒罢，好上山去烧饭吃去。”

擦擦眼睛，整了一整衣服，抬起头来一看，四面的水光山色又忽而变了样子了。清清的一条浅水，比前又窄了几分，四围的山包得格外的紧了，仿佛是前无去路的样子。并且山容峻削，看去觉得格外的瘦格外的高。向天上地下四围看看，只寂寂的看不见一个人。双桨的摇响，到此似乎也不敢放肆了，钩的一声过后，要好半天才来一个幽幽的回响，静，静，静，身边水上，山下岩头，只沉浸着太古的静，死灭的静，山峡里连飞鸟的影子也看不见半只。前面的所谓钓台山上，只看得见两大个石垒，一间歪斜的亭子，许多纵横芜杂的草木。山腰里的那座椅堂，也只露着些废垣残瓦，屋上面连炊烟都没有一丝半缕，像是好久好久没有人住了的样子。并且天气又来得阴森，早晨曾经露一露脸过的太阳，这时候早已深藏在云堆里了，余下来的只是时有时无从侧面吹来的阴飕飕的半箭儿山风。船靠了山脚，跟着前面背着酒菜鱼米的船夫走上严先生树堂的时候，我心里真有点害怕，怕在这荒山里要遇见一个干枯苍老得同丝瓜筋似的严先生的鬼魂。

在洞堂西院的客厅里坐定，和严先生的不知第几代的裔孙谈了几句关于年岁水旱的话后，我的心跳也渐渐儿的镇静下去了，嘱托了他以煮饭烧菜的杂务，我和船家就从断碑乱石中间爬上了钓台。

东西两石垒，高各有二三百尺，离江面约两里来远，东西台相去只有一二百步，但其间却夹着一条深谷。立在东台，可以看得出罗芷的人家，回头展望来路，风景似乎散漫一点，而一上谢氏的西台，向西望去，则幽谷里的清景，却绝对的不像是在人间了。我虽则没有到过瑞士，但到了西台，朝西一看，立时就想起了曾在照片上看见过的威廉退儿的祠堂。这四山的幽静，这江水的青蓝，简直同在画片上的珂罗版色彩，一色也没有两样，所不同的就是在这儿的变化更多一点，周围的环境更芜杂不整齐一点而已，但这却是好处，这正是足以代表东方民族性的颓废荒凉的美。

从钓台下来，回到严先生的祠堂——记得这是洪杨以后严州知府戴磐重建的祠堂——西院里饱啖了一顿酒肉，我觉得有点酩酊微醉了。手拿着以火柴柄制成的牙签，走到东面供着严先生神像的龛前，向四面的破壁上一看，翠墨淋漓，题在那里的，竟多是些俗而不雅的过路高官的手笔。最后到了南面的一块白墙头上，在离屋檐不远的一角高处，却看到了我们的一位新近去世的同乡夏灵峰先生的四句似邵尧夫而又略带感慨的诗句。夏灵峰先生虽则只知崇古，不善处今，但是五十年来，像他那样的顽固自尊的亡清遗老，也的确是没有第二个人。比较起现在的那些官迷的南满尚书和东洋宦婢来，他的经术言行，姑且不必去论它，就是以骨头来称称，我想也要比什么罗三郎郑太郎辈，重到好几百倍。慕贤的心一动，熏人臭技自然是难熬了，堆起了几张桌椅，借得了一支破笔，我也向高墙上在夏灵峰先生的脚后放上了一个陈屁，就是在船舱的梦里，也曾微吟过的那一首歪诗。

从墙头上跳将下来，又向龛前天井去走了一圈，觉得酒后的干喉，有点渴痒了，所以就又走回到了西院，静坐着喝了两碗清茶。在这四大无声，只听见我自己的嗽嗽喝水的舌音冲击到那座破院的败壁上去的寂静中间，同惊雷似的一响，院后的竹园里却忽而飞出了一声闲长而又有节奏似的鸡啼的声来。同时在门外面歇着的船家，也走进了院门，高声的对我说：

"先生，我们回去罢，已经是吃点心的时候了，你不听见那只鸡在后山啼么？我们回去罢！"

故都的秋

秋天，无论在什么地方的秋天，总是好的；可是啊，北国的秋，却特别地来得清，来得静，来得悲凉。我的不远千里，要从杭州赶上青岛，更要从青岛赶上北平来的理由，也不过想饱尝一尝这“秋”，这故都的秋味。

江南，秋当然也是有的，但草木凋得慢，空气来得润，天的颜色显得淡，并且又时常多雨而少风；一个人夹在苏州上海杭州，或厦门香港广州的市民中间，浑浑沌沌地过去，只能感到一点点清凉，秋的味，秋的色，秋的意境与姿态，总看不饱，尝不透，赏玩不到十足。秋并不是名花，也并不是美酒，那一种半开、半醉的状态，在领略秋的过程上，是不合适的。

不逢北国之秋，已将近十余年了。在南方每年到了秋天，总要想起陶然亭的芦花，钓鱼台的柳影，西山的虫唱，玉泉的夜月，潭柘寺的钟声。在北平即使不出门去罢，就是在皇城人海之中，租人家一椽破屋来住着，早晨起来，泡一碗浓茶，向院子一坐，你也能看得到很高很高的碧绿的天色，听得到青天下驯鸽的飞声。从槐树叶底，朝东细数着一丝一丝漏下来的日光，或在破壁腰中，静对着像喇叭似的牵牛花（朝荣）的蓝朵，自然而然地也能够感觉到十分的秋意。说到了牵牛花，我以为以蓝色或白色者为佳，紫黑色次之，淡红色最下。最好，还要在牵牛花底，教长着几根疏疏落落的尖细且长的秋草，使作陪衬。

北国的槐树，也是一种能使人联想起秋来的点缀。像花而又不是花的那一种落蕊，早晨起来，会铺得满地。脚踏上去，声音也没有，气味也没有，只能感出一点点极微细极柔软的触觉。扫街的在树影下一阵扫后，灰土上留下来的一条条扫帚的丝纹，看起来既觉得细腻，又觉得清闲，潜意识下并且还觉得有点儿落寞，古人所说的梧桐一叶而天下知秋的遥想，大约也就在这些深沉的地方。

秋蝉的衰弱的残声，更是北国的特产，因为北平处处全长着树，屋子又低，所以无论在什么地方，都听得见它们的啼唱。在南方是非要上郊外或山上去才听得到的。这秋蝉的嘶叫，在北平可和蟋蟀耗子一样，简直像是家家户户都养在家里的家虫。

还有秋雨哩，北方的秋雨，也似乎比南方的下得奇，下得有味，下得更像样。

在灰沉沉的天底下，忽而来一阵凉风，便息列索落地下起雨来了。一层雨过，云渐渐地卷向了西去，天又青了，太阳又露出脸来了；著着很厚的青布单衣或夹袄曲都市闲人，咬着烟管，在雨后的斜桥影里，上桥头树底下去一立，遇见熟人，便会用了缓慢悠闲的声调，微叹着互答着的说：

“唉，天可真凉了——”（这了字念得很高，拖得很长。）

“可不是么？一层秋雨一层凉了！”

北方人念阵字，总老像是层字，平平仄仄起来，这念错的歧韵，倒来得正好。

北方的果树，到秋来，也是一种奇景。第一是枣子树，屋角，墙头，茅房边上，灶房门口，它都会一株株地长大起来。像橄榄又像鸽蛋似的这枣子颗儿，在小椭圆形的细叶中间，显出淡绿微黄的颜色的时候，正是秋的全盛时期；等枣树叶落，枣子红完，西北风就要起来了，北方便是尘沙灰土的世界，只有这枣子、柿子、葡萄，成熟到八九分的七八月之交，是北国的清秋的佳日，是一年之中最好也没有的Golden Days①。

有些批评家说，中国的文人学士，尤其是诗人，都带着很浓厚的颓废色彩，所以中国的诗文里，颂赞秋的文字特别的多。但外国的诗人，又何尝不然？我虽则外国诗文念得不多，也不想开出账来，做一篇秋的诗歌散文钞，但你若去一翻英德法意等诗人的集子，或各国的诗文的 Anthology② 来，总能够看到许多关于秋的歌颂与悲啼。各著名的大诗人的长篇田园诗或四季诗里，也总以关于秋的部分，写得最出色而最有味。足见有感觉的动物，有情趣的人类，对于秋，总是一样的能特别引起深沉，幽远，严厉，萧索的感触来的。不单是诗人，就是被关闭在牢狱里的囚犯，到了秋天，我想也

---

① 黄金时期。

② 文选，诗选。

一定会感到一种不能自已的深情；秋之于人，何尝有国别，更何尝有人种阶级的区别呢？不过在中国，文字里有一个“秋士”的成语，读本里又有着很普遍的欧阳子的《秋声》与苏东坡的《赤壁赋》等，就觉得中国的文人，与秋的关系特别深了。可是这秋的深味，尤其是中国的秋的深味，非要在北方，才感受得到底。

南国之秋，当然是也有它的特异的地方的，比如廿四桥的明月，钱塘江的秋潮，普陀山的凉雾，荔枝湾的残荷等等，可是色彩不浓，回味不永。比起北国的秋来，正像是黄酒之与白干，稀饭之与馍馍，鲈鱼之与大蟹，黄犬之与骆驼。

秋天，这北国的秋天，若留得住的话，我愿把寿命的三分之二折去，换得一个三分之一的零头。